AF185421

Die Kraft
der Gedanken

Aus dem Französischen übersetzt
Originaltitel:
»PUISSANCES DE LA PENSÉE«

© 1986 Éditions Prosveta S.A., France, ISBN 2-85566-378-4
Französische Originalausgabe

© 1995 Éditions Prosveta S.A., France, ISBN 2-85566-602-3
Deutsche Ausgabe: »Die Kraft der Gedanken«

© 1997 Prosveta Verlag, Deutschland, ISBN 3-89515-017-7

14. Auflage

ISBN 978-3-89515-017-3 (Umschlag einfarbig violett mit Kristall)
ISBN 978-3-89515-122-4 (Umschlag mit violettem Blumenmotiv)
Der Inhalt ist in beiden Ausgaben identisch.
E-Book: 978-3-89515-017-3

Druck 2025: Interpress, Ungarn

Omraam Mikhaël Aïvanhov

Die Kraft
der Gedanken

Reihe Izvor – Band 224

PROSVETA  VERLAG

INHALT

Da Meister Omraam Mikhaël Aïvanhov seine Lehre ausschließlich mündlich überlieferte, wurden seine Bücher aus stenografischen Mitschriften, Tonband- und Videoaufnahmen seiner frei gehaltenen Vorträge erstellt.

Kapitel 1

Von der Wirklichkeit der spirituellen Arbeit

Teil 1

Es ist offensichtlich, dass der Mensch für die materielle Arbeit besser geeignet ist, als für die geistige, denn die Hilfsmittel, die er besitzt, um auf die Materie einzuwirken, nämlich seine fünf Sinne, sind viel stärker ausgebildet als jene Hilfsmittel, die ihm den Zugang zur geistigen Welt ermöglichen. Aus diesem Grunde haben übrigens viele, die sich auf den geistigen Weg begeben, das Gefühl, nichts zu erreichen und sind dann eines Tages entmutigt.

Viele sagen: »Was ist das nur für eine Arbeit, deren Ergebnisse man niemals zu Gesicht bekommt? Wenn man auf der physischen Ebene arbeitet, hat man wenigstens Ergebnisse, weil etwas verändert, aufgebaut oder abgebaut wird. Selbst eine intellektuelle Arbeit bringt sichtbare Ergebnisse: Man wird durch sie gebildeter und

fähiger, zu urteilen, um sich zu dem einen oder
anderen Thema zu äußern.« Ja, das ist alles richtig.
Wenn ihr ein Haus bauen wollt, wird dieses Haus
innerhalb einiger Wochen sichtbar und greifbar
sein. Wenn ihr dagegen auf der spirituellen Ebene
etwas erschaffen wollt, sieht niemand etwas davon,
weder ihr noch die anderen.

Es kann also sein, dass ihr angesichts einer
so großen Unsicherheit solche Zweifel bekommt,
dass ihr Lust habt, alles fallen zu lassen und euch
wie alle anderen auch einer Tätigkeit zu widmen,
deren Resultate leicht erkennbar sind. Das könnt
ihr natürlich machen, aber eines Tages, selbst
inmitten des größten Erfolgs, werdet ihr fühlen,
dass euch innerlich etwas fehlt. Das ist unumgänglich, weil ihr das Wesentliche unberührt gelassen
habt, weil ihr im Bereich des Lichts, der Weisheit,
der Liebe, der Kraft, der Ewigkeit noch überhaupt
nichts gepflanzt habt.

Was es bei der spirituellen Arbeit ein für alle
Mal zu verstehen gilt ist, dass es sich um eine
extrem feine Materie handelt, die sich unseren
gewöhnlichen Forschungsmöglichkeiten entzieht.
Die Arbeit, die auf der spirituellen Ebene möglich
ist, ist genauso real wie diejenige, die wir auf der
physischen Ebene ausführen. Ebenso wie es real ist,
dass ihr auf der physischen Ebene Holz sägt oder
eine Suppe kocht, ebenso ist es real, dass ihr auf
der spirituellen Ebene etwas aufbaut, Kräfte aus-
löst, Ströme lenkt und Menschen zu einem klareren

Bewusstsein verhelft. Man kann nur deshalb nichts davon sehen, weil es sich um eine andere Materie handelt. Für denjenigen, der wirklich in dieser spirituellen Welt lebt, ist es im Übrigen gar nicht nötig, dass diese Wirklichkeiten, von denen er sich umgeben fühlt, genauso sichtbar und greifbar sind wie diejenigen der physischen Welt. Aber im Laufe der Zeit können auch sie sich konkretisieren.

Wenn man diese Gesetze nicht kennt und sofortige Resultate seiner spirituellen Arbeit erwartet, verliert man den Mut und zerstört, was man bereits aufgebaut hat. Denn diese außerordentlich feine Materie ist sehr leicht zu modellieren, deshalb kann der Mensch, je nachdem wie überzeugt und ausdauernd er ist, aufbauen oder zerstören. Häufig baut er etwas auf, und sehr bald darauf zerstört er es wieder und verhindert damit die endgültige Verwirklichung seiner Arbeit. Dabei ist es doch unausbleiblich, dass die Dinge eines Tages in der Materie konkrete Formen annehmen.

Wenn ihr hierzu die Eingeweihten befragt, sagen sie euch Folgendes: Alles was ihr auf der Erde seht, sind nur ätherische Elemente, die mit der Zeit Form angenommen haben und so dicht und materiell geworden sind. Wenn ihr also genügend Glauben und Geduld habt, um eure begonnene Arbeit weiterzuführen, könnt ihr auf der physischen Ebene alles konkretisieren was ihr euch wünscht. Wenn ihr nun sagt: »Aber ich wünsche mir seit Jahren Dinge, die sich nicht erfüllen!«, dann liegt das daran, dass ihr nicht richtig arbeitet oder dass eure Wünsche aus einem bestimmten Grund noch nicht erfüllt werden dürfen. Wenn eure Wünsche die Gemeinschaft, die ganze Menschheit betreffen, ist es natürlich viel schwieriger, sie zu verwirklichen, als wenn sie nur euch allein betreffen. Während ihr den Frieden für die Welt wünscht, wünschen andere den Krieg! Natürlich widersetzt sich ihr Wunsch der Verwirklichung des euren. Doch darf man sich nicht entmutigen lassen. Was sagt Jesus in den Evangelien? »Trachtet zuerst nach dem Reich Gottes und nach seiner Gerechtigkeit, so wird euch das alles zufallen« (Mt 6,33). Die Suche nach dem Reich Gottes trägt die Belohnung bereits in sich.

Spirituelle und materielle Arbeit sind zwei verschiedene Dinge. Man muss wissen, was man erwarten und was man nicht erwarten kann. Von der spirituellen Arbeit Frieden, Licht, Harmonie, Gesundheit und Intelligenz zu erwarten, das ja; aber Geld, Ruhm, Anerkennung oder Verehrung durch die Masse, nein, hier verwechselt ihr die beiden Welten und macht euch unglücklich. Ihr dürft euch von euren spirituellen Aktivitäten keinerlei materiellen Vorteil erhoffen. Was ihr damit erschafft, wird noch lange unsichtbar und ungreifbar bleiben.

Nehmen wir jetzt ein Beispiel und sagen, dass der Spiritualist im Gegensatz zum Materialisten sein Haus überallhin mitnimmt! Ja, der Spiritualist, für den die Schätze im Inneren liegen, kann niemals von ihnen getrennt werden, nicht einmal im Tod. Denn nur die inneren Verwirklichungen gehören dem Menschen wirklich, sie allein haben Wurzeln in ihm; und wenn er dann ins Jenseits gehen muss, trägt er in seiner Seele, in seinem Geist Edelsteine mit sich, das heißt Eigenschaften und Tugenden, und sein Name wird im Buch des ewigen Lebens eingetragen.

Ein spiritueller Mensch ist also nur in dem Maße reich, wie er sich dessen bewusst ist, dass die wahren Reichtümer spiritueller Art sind. Wenn sein Bewusstsein nicht erhellt ist, besitzt er gar nichts und ist nur ein armer Tropf. Dem Materialisten dagegen bleiben immer noch einige äußere Besitztümer, wenigstens eine Zeit lang, was ihm dem Spiritualisten gegenüber eine scheinbare Überlegenheit gibt. Und dieser muss nun begreifen, worin seine wahre Überlegenheit besteht, sonst ist er verloren. Ja, »Größe und Elend des Spiritualisten...«, darüber sollte man ein Buch schreiben!

Der Reichtum eines Spiritualisten ist etwas äußerst Subtiles, kaum Fassbares. Ist er sich dieses Reichtums jedoch bewusst, so gehören ihm Himmel und Erde, während die anderen nur irgendwo ein kleines Grundstück besitzen. Warum versteht man das nicht? Da kommt einer und sagt: »Aber ich kann das doch verstehen. Ich verstehe, dass nur die geistigen Reichtümer sicher und von Dauer sind, dass uns die materiellen Dinge niemals wirklich gehören und dass wir sie eines Tages aufgeben müssen, weil es unmöglich ist, sie ins Jenseits mitzunehmen. Aber obwohl ich weiß, dass ich mich irre, führe ich lieber noch dieses materialistische Leben, denn es gefällt mir.« Ja, leider verhält es sich so: Wenn der Intellekt den Vorteil einer Sache verstanden hat, aber das Herz sich etwas anderes wünscht, was soll dann der Wille tun? Er wird dem Wunsch des Herzens folgen, denn er tut nur, was dem Herz gefällt. Will man dieses große, weite, reiche Leben leben, muss man es lieben. Verstehen allein genügt nicht.[1]

Es ist meine Aufgabe, euch Erklärungen und Argumente zu geben, und ich kann noch weitere finden, aber bewirken, dass ihr dieses spirituelle Leben liebt, das kann ich nicht. Sicher, in einer gewissen Weise kann ich euch schon beeinflussen. Wenn jemand etwas liebt, ist diese Liebe ansteckend und kann die anderen beeinflussen, denn jeder Mensch hat die Möglichkeit, von dem was er besitzt, anderen ein Element zu übertragen; sogar die Blumen, die Steine oder die Tiere können das tun. Es ist also möglich, dass sich etwas von meiner Liebe für die Herrlichkeit der göttlichen Welt auf euch überträgt. Aber es hängt von euch ab, ob ihr diesen Einfluss akzeptiert.

Ich tue immer mein Möglichstes, um euch verständlich zu machen, welchen Weg ihr in eurem eigenen Interesse wählen solltet, aber den Geschmack daran, diesen Weg gehen zu wollen, müsst ihr selbst mitbringen. Wenn ihr etwas liebt, habt ihr das Bedürfnis, euch dem Gegenstand eurer Liebe zu nähern. Wenn ihr Hunger habt, empfindet ihr Liebe für die Nahrung und ihr macht euch sofort auf den Weg, um sie aus dem Schrank oder dem Laden zu holen. Genauso ist es für alles andere. Wenn ihr das spirituelle Leben liebt, dann bleibt ihr nicht untätig mit verschränkten Armen sitzen, sondern ihr fühlt euch gezwungen, dieser Liebe Sinn und Richtung zu geben. Ihr werdet alles tun, um dieses Bedürfnis nach einem spirituellen Leben zu befriedigen.

Zusammenfassend kann man sagen, dass ein Meister nötig ist, der dem Jünger klar und deutlich aufzeigt, worin das spirituelle Leben besteht und warum es wichtig ist, diesem Leben näher zu kommen, aber es ist Sache des Jüngers, es zu lieben und zu leben. Der Meister gibt das Licht, und der Jünger drückt sich durch sein Herz aus: Er liebt oder er liebt nicht, worauf die Anwendung von selbst folgt. Ihr seht, wie einfach das ist. Das Licht kommt vom Meister, die Liebe vom Jünger; die Bewegung, die Tat ist das Ergebnis von beiden. Stellt euch vor, der Meister ist eine Lampe: Der Schüler, der die Lektüre liebt, wird sich der Lampe nähern und zu lesen beginnen.

Der ganze Reichtum eines spirituellen Menschen liegt in ihm selbst und darin, wie bewusst er sich dessen ist. Wenn er sich dieses Reichtums nicht bewusst ist, ist er ärmer als alle Materialisten. Diese besitzen wenigstens etwas, er aber hat nichts.

Wenn er aber lernt, sein Bewusstsein zu erweitern, um gedanklich mit allen höher entwickelten Seelen des Universums zu kommunizieren, um ihre Wissenschaft, ihr Licht und ihre Freude zu erhalten, welcher Materialist kann sich da noch mit ihm messen? Selbst die Edelsteine und Diamanten verblassen vor dem Leuchten dieses inneren Reichtums, vor der Herrlichkeit einer leuchtenden Seele und eines strahlenden Geistes.

Ein Spiritualist, der ein erweitertes, erleuchtetes Bewusstsein besitzt, ist so reich wie Gott, also viel reicher als ein Reicher, der nur die Reichtümer der Erde besitzt. Der Materialist weiß nicht, dass er ein Erbe Gottes ist, er denkt immer nur, er sei der Erbe seines Vaters, seines Großvaters oder Onkels, und das ist wenig. Der Spiritualist fühlt, dass er ein Erbe Gottes ist und dass der Reichtum, den er erben wird, in seinem Geist liegt.[2] Solange ihr nicht imstande seid, so zu denken, bleibt ihr immer arm und elend. Ihr werdet sagen: »Die Erben Gottes sein... was erzählen Sie uns da für Geschichten?« Das sind keine Geschichten. Wenn sich euer Bewusstsein erhellt, fühlt ihr, dass ihr wirklich Gottes Erben seid.

Die Menschen, die sich hauptsächlich darin üben, ihre intellektuellen Fähigkeiten auszubilden, tun dies leider auf Kosten anderer Forschungsmöglichkeiten und vor allem anderer Verwirklichungen: Das subtile Leben des Universums entgeht ihrer Forschung und Aktivität. Als sie in die

Materie herunterstiegen, vergaßen sie ihre göttliche Herkunft und erinnern sich nun nicht mehr daran, wie kraftvoll, weise und schön sie waren. Jetzt sind sie mit der Erde beschäftigt und damit, wie sie sie ausbeuten und misshandeln können, zur eigenen Bereicherung. Aber die Zeit kommt, wo sie den Weg nach innen wieder aufnehmen werden, anstatt ihre Aufmerksamkeit immer nur auf die äußere Welt zu richten. Sie werden dabei keine ihrer Fähigkeiten verlieren, die sie in Jahrhunderten und Jahrtausenden errungen haben, denn der Abstieg in die Materie wird eine großartige Errungenschaft für sie bleiben. Aber sie konzentrieren sich nicht mehr ausschließlich auf einen Aspekt des Universums und werden sich zur Entdeckung anderer Regionen aufmachen, die noch reicher und realer sind. Und in diesen Regionen werden sie ihr Werk als Söhne Gottes verwirklichen.

Denn ihr müsst wissen: Wenn ein Wesen sein Leben wirklich dem Licht geweiht hat, ist seine Arbeit für die Angelegenheiten der Welt von entscheidender Bedeutung. Wo immer es sich auch befindet, bekannt oder unbekannt, es ist ein Zentrum, ein so kraftvoller Brennpunkt, dass nichts geschieht ohne seine Teilnahme; es harmonisiert die Kräfte des Universums in lichtvoller Absicht und wirkt sogar bei den Entscheidungen der hohen Geister mit. Das erstaunt euch? Es ist jedoch normal. Warum sollten jene lichtvollen Geister, die über das Schicksal der Erde wachen, die Ansicht

anderer Geister, die ihnen an Leuchtkraft und Ausstrahlung ähnlich sind, nicht beachten? Es wäre
weder logisch noch gerecht, wenn niemand hier
auf der Erde seine Ansichten zum Ausdruck bringen dürfte, wenn es darum geht, Entscheidungen
für die Zukunft der Menschheit zu treffen. Ihr sollt
also von jetzt an wissen, dass eure Stimme gehört
werden kann, um über das Schicksal der Erde zu
entscheiden und wie ihr an diesem hohen Rat teilnehmen könnt. Von da an wird euer Leben einen
neuen Sinn erhalten. Ihr werdet besser verstehen können, wie wichtig es ist, endlich ein göttliches Leben zu führen, das euch würdig macht,
eure Stimme an der Seite der göttlichen Wesen
einzubringen.

Ihr werdet fragen: »Ist sich der Schüler dieser Rolle bewusst?« Er kann es werden, aber zu
Beginn ist er es sicher nicht. Etwas in ihm nimmt
teil, es wird in Betracht gezogen und erhört, aber
das geschieht in den übergeordneten Sphären seines Bewusstseins, zu welchen sein gewöhnliches
Bewusstsein keinen Zugang hat. Die physische
Ebene ist so undurchsichtig und dicht, dass viel
Zeit und Anstrengung erforderlich ist, bis sich die
Geschehnisse der himmlischen Regionen in ihr
widerspiegeln können. Diese Teilnahme wird also
in den ersten Momenten, in den ersten Jahren nicht
sehr bewusst sein, ist aber dennoch real. Denn
sonst, ich sagte es bereits, wäre das nicht gerecht,
dass einige die ganze Macht an sich gerissen haben

und für die armen Spiritualisten nicht einmal die Möglichkeit bleibt, ihre Stimme bei den himmlischen Wahlen abzugeben. Um jedoch in den himmlischen Regionen mit zu wählen, muss man wirklich achtsam, bewusst, weise und rein sein. Es ist nicht wie auf der Erde, wo alle das Recht haben, ihre Stimme abzugeben, selbst die Verrückten und Kriminellen.

Als Jesus sagte: »Mein Vater arbeitet und ich arbeite mit Ihm« (Jh 5,17), brachte er die Idee zum Ausdruck, dass der Vater seine Söhne an Seinen Entscheidungen teilnehmen lässt. Und nicht allein Jesus kann an dieser Arbeit teilnehmen, denn er sagte außerdem: »Wer meine Gebote erfüllt, kann dieselben Werke tun wie ich und sogar noch größere.« Wenn wir die Bedingungen erfüllen, können auch wir daran teilnehmen. Wann werden sich die Christen endlich entscheiden, diese himmlischen Wahrheiten zu verstehen, die ihnen die Möglichkeit geben, sich zu befreien und für die Welt etwas Glorreiches zu tun? Warum zieht man sich immer unscheinbar und nutzlos irgendwo zurück? Ist es das Ideal eines Christen, seine Finger in Weihwasser zu tauchen, Kerzen anzuzünden, einige Hostien zu schlucken, um dann wieder nach Hause zu gehen, die Hühner und Schweine zu füttern, sich zu betrinken und seine Frau zu schlagen? Es ist für die Christen an der Zeit, die Lehre Christi umfassender zu verstehen, um mit einer wirklichen Arbeit in Seinem Sinne zu beginnen, anstatt sich

bequem auf der Tatsache auszuruhen, dass Er sie
gerettet hat, indem Er Sein Blut für sie vergoss und
sie somit nichts mehr zu tun brauchen.

Ihr seid auf der Erde, wie auf einem zu kulti-
vierenden Acker. Was auch immer eure Beschäftigung ist, selbst wenn ihr im Wald spazieren geht
oder euch ausruht, ihr müsst alles, was nach Sta-
gnation aussieht, vermeiden. Versucht ständig, in
eurem Inneren einen Zustand geordneter und har-
monischer Aktivität herzustellen, das heißt, euch
zu stimmen wie ein Instrument, um alle Strömungen und Energien in euch und außerhalb von
euch auf einen Punkt, auf die Quelle des Lebens,
auf das Licht zufließen zu lassen. Das ist die einzig wahre Arbeit, die der Schüler aufgreifen muss.
Ein neues Licht kommt in die Welt, um allem was
wir tun, wieder einen Sinn zu geben; dieses Licht
ist ein anderes Verständnis für das Wort »Arbeit«.

Ihr fragt jemanden: »Was tun Sie?« – »Ich
arbeite.« Oh je, er ist noch weit davon entfernt zu
wissen, was arbeiten ist: Er bastelt, probiert und
bemüht sich, aber das ist noch nicht die echte
Arbeit. Nur sehr wenige, selbst unter den Eingeweihten, können sagen: »Ich arbeite«. Die meisten
Menschen müssten eher sagen: »Ich bastle,« oder
»Ich mache unglückliche Versuche« oder »Ich zer-
breche mir den Kopf über gewisse Probleme«. Um
sagen zu können »Ich arbeite«, wie es Jesus gesagt
hat, muss man sich bis zum göttlichen Geist erho-
ben haben, um Ihn als Vorbild zu nehmen und sich

von Ihm inspirieren zu lassen. In Wirklichkeit arbeitet nur Gott. Und auch die Engel und die Erzengel, Seine Diener, denn sie nehmen Ihn als Vorbild. Darum wird das Wort »Arbeit« in der Lehre der Zukunft von einem neuen Licht beleuchtet und einen magischen Sinn erhalten, denn durch diese Arbeit wird sich der Mensch wandeln.

Den Sinn des Satzes: »Mein Vater arbeitet und auch ich arbeite mit Ihm«, hat man seit zweitausend Jahren nicht vertieft. Man hat sich nicht einmal gefragt, was »die Arbeit« Gottes ist, weder wie Er arbeitet, noch warum sich Jesus Ihm angeschlossen hat. Das ist in Wirklichkeit etwas Unermessliches! Selbst ich kann noch nicht behaupten, dass ich es verstanden habe. Ja, es ist ungeheuerlich. Die Arbeit des Christus ist eine Arbeit des Geistes, des Denkens, um alles zu reinigen, zu harmonisieren, zu erleuchten... alles nach der göttlichen Quelle auszurichten, damit das Wasser dieser Quelle die Erde und ihre Geschöpfe beleben kann. Darum bat Jesus auch den Herrn, seinen Jüngern dieses erfüllende Leben zu geben, denn das Leben ist das göttliche Wasser, das alles wachsen lässt.[3] Ohne dieses Wasser, dieses Leben, ist der Mensch nur eine Wüste. Die Arbeit des Christus ist, das Leben fließen zu lassen; und der Mensch, Sohn Gottes, muss lernen, diese Arbeit ebenfalls auszuführen.

Die Menschen müssen, bevor sie so weit kommen, zuerst grobe, mühsame physische Arbeit leisten, wie das in der jetzigen Zeit für die meisten der Fall ist. Das ist notwendig, es ist ein bestimmtes Stadium. Solange sie noch nicht fähig sind, die andere Arbeit zu vollbringen, haben sie wenigstens diese, denn man muss auf alle Fälle etwas tun. Die Natur duldet keine Geschöpfe, die nichts tun. Jeder muss engagiert und mobilisiert sein – ein Teilchen, das unbeschäftigt umherschwirrt, wird nicht toleriert, es muss einer Gemeinschaft, einem System angehören. Diejenigen, die einfach so herumspazieren, ohne Ausrichtung und ohne Ziel, werden von anderen, schrecklichen Zentren aufgesogen, und das ist ihr Ende. Man muss also ständig gegen die Kraft der Trägheit ankämpfen und sich entscheiden, so zu arbeiten wie Christus arbeitete.

In Wirklichkeit kann jede Arbeit zu einer spirituellen Arbeit werden. Für mich ist alles Arbeit. Das Wort Arbeit ist Tag und Nacht in meinem Kopf, und ich versuche, alles für die Arbeit zu verwenden. Ich lehne nichts ab, ich benutze es. Selbst wenn ich unbeweglich dasitze und scheinbar nichts tue, arbeite ich mit den Gedanken, um Leben, Liebe und Licht in das ganze Universum auszusenden. Auch ihr sollt das tun, denn damit findet ihr endlich den Sinn eurer Existenz.

Anmerkungen

1. Siehe Band 18 der Reihe Gesamtwerke »Erkenne dich selbst«, Kapitel 4: »Herz und Intellekt«.

2. Siehe Band 238 der Reihe Izvor »Der Glaube versetzt Berge«, Kapitel 8: »Unsere göttliche Abstammung«.

3. Siehe Band 240 der Reihe Izvor »Söhne und Töchter Gottes«, Kapitel 1: »Ich bin gekommen, damit sie das Leben haben«.

Teil 2

Der Einweihungswissenschaft zufolge ist der Raum von einer subtilen Materie erfüllt, einer Quintessenz, die überall in uns und um uns verteilt ist. Es ist Aufgabe der Kinder Gottes, diese formlose Materie wie eine Modelliermasse zu nehmen und mit ihr fantastische Dinge zu verwirklichen. Die unsichtbare Welt schaut auf das, was wir geschaffen haben; das interessiert sie und danach beurteilt sie uns. Wenn sie sieht, dass manche nichts zur universellen Harmonie beitragen, dass sie stören und vernichten, nimmt sie ihnen die guten Bedingungen und Möglichkeiten; und damit fallen sie wieder auf ein niedrigeres Entwicklungsniveau zurück. Von den Steinen bis hin zu Gott gibt es so viele Niveaus![1] Es ist also wichtig zu wissen, welches für den Schüler einer Einweihungsschule die besten Arbeiten sind, und ich kann euch auf einige hinweisen.

Der Schüler kümmert sich zuerst um seine eigene Vervollkommnung. Er versucht, das Bild seiner selbst wiederzufinden, das er in ferner

Vergangenheit besaß, bevor er das Paradies verlassen hat, und welches er jetzt verloren hat. Und mit diesem Bild beschäftigt er sich. Er möchte sein ursprüngliches Gesicht wiederfinden, das so lichtvoll, herrlich und vollkommen war, dass ihm alle Kräfte der Natur gehorchten. Sogar die Tiere waren entzückt, wenn er vorüberging. Er war ein König, und alles gehorchte ihm aufgrund der Vollkommenheit seines Angesichts. Später, als er das Paradies verließ, um seine Erfahrungen in der Welt zu machen, verlor er diese Vollkommenheit und die anderen Geschöpfe erkannten ihn nicht mehr. Da er nicht mehr so schön und ausdrucksvoll war, waren sie nicht mehr so erfreut ihn zu sehen, kehrten ihm den Rücken zu und verweigerten ihm den Gehorsam.[2] Der Schüler erinnert sich also an diese ferne Vergangenheit und denkt an nichts anderes, als dieses verlorene Gesicht wiederzufinden. Und da dieses Gesicht das Gesicht Gottes war, da der Mensch nach dem Bilde Gottes erschaffen ist, hat er die Möglichkeit es wiederzufinden, indem er an das Angesicht Gottes denkt. Dadurch, dass er an das Licht, an die Herrlichkeit und die Vollkommenheit Gottes denkt, der unendlich, allmächtig und all-liebend ist, findet er bereits, ohne es zu wollen, sein eigenes Bildnis wieder.

Wenn Moses in der Schöpfungsgeschichte sagt, dass der Mensch nach dem Bilde Gottes erschaffen wurde, so geschah dies nicht, damit diese Worte ungenutzt bleiben, nein, das war ein Hinweis für die Eingeweihten, um ihnen zu zeigen, dass sie sich um dieses Bild kümmern müssen. Der Schüler lernt also, sich auf die Vollkommenheit Gottes zu konzentrieren, bald auf Seine Liebe, bald auf Seine Weisheit, bald auf Seine Kraft. Gott hat so unsäglich viele Qualitäten und Eigenschaften, dass es ihm niemals gelingen wird, all diesen Reichtum auszuschöpfen. Auf diese Weise formt sich der Schüler und nähert sich der Vollkommenheit. Gewiss, es ist eine langwierige, endlose Arbeit, aber die beste, die er tun kann; und das ist, seine verlorene Königswürde wiederzufinden.

Man kann die Menschen natürlich nicht dazu zwingen, jeder reagiert entsprechend seines Bewusstseinsgrades. Was erwartet ihr denn von einer Katze? Was auch immer man ihr erklärt, sie wird sagen: »Ich kann nicht Klavier spielen, ich kann keine Kurse an der Universität halten, ich kann keine Armee befehligen, aber ich kann eine Maus fangen«. Ihr könnt ihr also erklären, was ihr wollt, sie wird euch freundlich zuhören, ein wenig schnurren, aber plötzlich ist sie weg, um sich auf eine Maus zu stürzen, und wenn sie zurückkommt, leckt sie sich das Maul. Jeder begreift entsprechend seiner Entwicklungsstufe. Ich spreche für diejenigen, die fühlen, dass man mit den Gedanken eine Arbeit vollbringen kann. Sie werden sich freuen und sagen: »Ah, das ist eine gute Aktivität für uns!« Die anderen werden sich »Mäuse« suchen, das heißt, niedere Vergnügungen.

Sicher, ich weiß, dass nur sehr wenige Leute solche fortgeschrittenen und ungewöhnlichen Ideen akzeptieren werden! Wie viele haben schon von der Existenz einer ätherischen Quintessenz gehört, die man formen kann? Aber eine neue Zeit ist gekommen und der Mensch muss sich an neue Arbeiten begeben. Es gibt noch viele andere, auf die ich euch hinweisen kann.

Vielleicht sind einige unter euch von einer unpersönlicheren Arbeit angezogen als die, sich ständig mit dem eigenen Bild zu beschäftigen? Diejenigen können sich dann vorstellen, wie die ganze Welt eine Familie bildet, deren Mitglieder sich lieben, verstehen und sich zulächeln. Es gibt keine Kriege mehr, keine Grenzen, alle können frei reisen und sich begegnen. Die ganze Erde singt eine Hymne der Dankbarkeit und Freude an den Schöpfer. Aber ja, man kann so viele gute Dinge denken zum Wohle der Menschen! Ist das nicht besser, anstatt an so viele andere, gewöhnliche und egoistische Dinge zu denken?

Ihr könnt auch an das Leben aller himmlischen Wesen denken: an die Engel, die Erzengel, die Gottheiten, an diese ganzen Hierarchien.[3] Denkt an ihre Eigenschaften, an das Licht, in dem sie leben, an ihre Liebe und vor allem an ihre Reinheit, und wünscht, dass diese Herrlichkeit auf die Erde herabsteigt. Auf diese Weise baut ihr Brücken, stellt Verbindungen her, damit die Vollkommenheit, der Reichtum, die Schönheit der höheren Welt wirklich eines Tages herabkommen auf die Erde.

Ja, anstatt seine Gedanken überall herumspazieren und herumirren zu lassen, muss man ihnen eine Arbeit geben. Ob ihr am Bahnhof wartet oder beim Zahnarzt, orientiert eure Gedanken immer in diese Richtung, damit eure göttliche Arbeit weitergeht. Was glaubt ihr, womit die Leute ihre Gedanken beschäftigen, wenn sie in der U-Bahn, im Bus oder im Zug sitzen? Der eine denkt daran, sich an diesem oder jenem zu rächen, der ihm dies oder das gesagt hat, der andere, seinem besten Freund die Frau wegzunehmen, ein dritter, seinen Kollegen auszuschalten. Mit Sicherheit haben sie alle etwas im Kopf, aber oft etwas Hässliches, Schädliches, um ihre Begierden zu befriedigen oder mit ihrem Nachbarn abzurechnen. Kaum dass einer oder zwei darunter sind, die eine Verbindung mit dem Himmel haben. Alle anderen sind in gewöhnliche oder kriminelle Dinge vertieft. Ich sehe es. Das ist übrigens nicht schwer, denn alles wird reflektiert: Nichts ist klarer als das, was wir denken und fühlen. Man glaubt, es verstecken zu können. Nein, es scheint immer auf die eine oder andere Weise durch... und vor allem, wenn man es verdecken will!

Ja, es lohnt sich, bestimmte Gewohnheiten abzulegen, die euch nichts einbringen und dafür den spirituellen Aktivitäten mehr Zeit zu schenken. Und nur dabei werdet ihr endlich aufatmen, neu geboren werden. Sie befreien euch von dem Fürsten dieser Welt, denn dieser Bereich gehört ihm nicht, ihr habt nichts mit ihm zu tun, und alle Reichtümer und Segnungen, die ihr dann erhaltet, kommen von anderen, himmlischen Wesen und ihr fühlt euch frei, frei, frei.

Versucht, über diese drei Arbeitsmethoden zu meditieren, denn das Wesentliche an unserer Lehre ist die Art, wie wir arbeiten: In den Büchern verstreute Kenntnisse kann jeder finden. Es gibt so viele Bücher, ganze Bibliotheken! Aber die Leute lesen sie, ohne damit zu arbeiten. Hier dagegen zählt die Arbeit. Was ich euch bis jetzt gesagt habe, sind vorbereitende, theoretische Erklärungen, die notwendig sind, es ist jedoch noch nicht die eigentliche Arbeit. Sie beginnt nur damit, und erst jetzt könnt ihr anfangen zu arbeiten. Allein mit diesen drei Methoden gibt es Arbeit für alle und für die Ewigkeit, doch seid ihr zu dieser Arbeit bereit?

Wie vielen Leuten bin ich schon begegnet, die mir sagten: »Ah, das spirituelle Leben ist etwas Wunderbares. Ich würde mich ihm gerne ganz widmen, aber vorher muss ich noch gewisse Verpflichtungen gegenüber meinem Mann, meiner Frau und meinen Kindern erledigen.« Gut, einverstanden. Aber nach zehn, nach zwanzig Jahren sah ich sie wieder, und es war ihnen noch immer nicht gelungen, sich von ihren Verpflichtungen zu befreien. Manche sind sogar schon gestorben, ohne dass sie sich auch nur eine Minute dem spirituellen Leben widmen konnten. Warum? Weil ihre Überlegungen falsch sind. Um mit der spirituellen Arbeit zu beginnen, darf man nicht darauf warten, bis man dies oder jenes erledigt hat, denn es wird nie alles in Ordnung sein, irgendwo hapert es immer. Wartet nicht: Auch wenn nichts in Ordnung ist, beginnt noch heute ein spirituelles Leben zu führen und alles wird besser gehen.

Was ihr auch immer tut im materiellen Bereich, nichts ist jemals endgültig geregelt. Es ist, als wolltet ihr einem löchrigen Ball seine runde Form wiedergeben. Wenn die Mulde auf der einen Seite weg ist, bildet sich eine neue auf der anderen Seite.

Ihr glaubt jetzt ruhig leben zu können, weil ihr endlich im Ruhestand seid, eure Kinder sind schon groß, verheiratet und gut aufgehoben..., doch da tauchen in ihrer Ehe Probleme auf, die gelöst werden müssen. Oder Enkelkinder kommen auf die Welt, um die man sich kümmern muss usw. Das Haus ist jetzt zu klein geworden und ihr müsst umziehen. Der eine oder andere wird krank. Ich sage euch, es hört nie auf.

Wartet also nicht, um mit der spirituellen Arbeit, mit der Gedankenarbeit zu beginnen, denn dank dieser Arbeit findet ihr bessere Lösungen für alle Probleme. Zählt auf nichts anderes. Solange ihr diese Arbeit nicht wichtiger nehmt als alles andere, werdet ihr Enttäuschungen erleben und weder Zufriedenheit noch Erfüllung finden. Wenn ihr die Christen fragt, werden sie euch sagen, dass sie auf den Herrn, auf die Vorsehung zählen. Weshalb sind sie dann immer krank, unglücklich und

im Elend? Warum kommt der liebe Gott nicht, um
sie zu heilen und glücklich zu machen? Ganz einfach, weil Er nicht kann. Er kann ihnen nicht helfen, weil sie nichts gepflanzt, nichts gesät haben,
was den Kräften des Universums einen Grund
gäbe, sich in Bewegung zu setzen. Wenn sie jedoch
ein Samenkorn in die Erde legen, dann werden
sie erleben, wie der Regen und die Sonne es zum
Wachsen bringen!

Ja, sät einen Samen aus – symbolisch gesehen –, und alle Mächte des Himmels und der Erde
werden mit euch sein. Ihr könnt euch auf sie verlassen, um Ergebnisse zu erzielen. Das Einzige,
woran ich glaube, ist die Arbeit mit den Gedanken, die allen Aktivitäten eures Lebens einen göttlichen Sinn gibt, damit sie für euch selbst und
für alle Geschöpfe in der Welt segensreich wird.
Diese Arbeit ist es, die euch helfen, unterstützen
und beschützen wird. Die beruflichen Aktivitäten
berühren im Allgemeinen die Leute nur oberfläch-
lich. Denn in die Fabrik oder ins Büro gehen, in
einem Labor arbeiten, Politik machen, Kranke
pflegen, Kinder unterrichten, das ist alles recht und
gut, aber es kann nicht alle vom Schöpfer in ihnen
angelegten Kräfte wecken, außer wenn sie gleichzeitig mit ihren Gedanken eine Arbeit machen,
welche die Wurzeln ihres Wesens berührt.

Lernt von jetzt an, diese Arbeit zu machen,
deren Ergebnisse unendlich sind und die euch niemand wegnehmen kann, weil es eine Arbeit in

euch selbst ist, dort wo niemand Zutritt hat. Dann beginnt auch mit dieser inneren Arbeit, selbst wenn ihr einen großartigen, wichtigen und interessanten Beruf habt, denn sie wird allem, was ihr sonst noch tut, einen Sinn geben. Behaltet euren Beruf, aber macht diese Arbeit, denn nur sie ist in der Lage, euch bis in die Tiefe zu verbessern und all euren Aktivitäten eine Würze zu verleihen. Sonst verliert ihr langsam den Geschmack an den Dingen und es gibt kein größeres Unglück, als diesen Geschmack zu verlieren. Darum sage ich euch ganz ehrlich, für mich zählt nur eins: diese Arbeit, die man täglich ausführen kann und dank derer man schließlich das ganze Universum in Bewegung setzen wird.

Ich gebe euch ein Beispiel: Ihr steht am Meeresufer und vergnügt euch damit, mit einem Stock im Wasser zu rühren: Und nach einer Weile fangen ein paar Strohhalme, dann einige Korken und Papierstückchen an, sich zu drehen. Ihr macht weiter, und schon kommen kleine Schiffe in Bewegung. Ihr macht weiter und weiter... bald sind es große Dampfer, die ihr mitreißt und am Ende die ganze Welt! Es ist nur eine Frage der Ausdauer. Interpretieren wir jetzt dieses Bild. Der Mensch ist auch in einen Ozean getaucht; in den ätherischen, kosmischen Ozean, aber er weiß nicht, was für eine Bewegung er machen muss, um seine Umgebung zu beeinflussen und Ergebnisse zu erzielen. Nun, diese Bewegungen sind genau die Arbeit, von der ich spreche. Ob ihr meditiert, betet oder esst, ob ihr euch wascht oder spazieren geht, von jeder dieser Aktivitäten könnt ihr profitieren, um reiner, lichtvoller, intelligenter, stärker und gesünder zu werden. Es gibt so viele Gelegenheiten, um durch Worte, durch Gedanken ein Element hinzuzufügen, das fähig ist, eine positive Veränderung in sich selbst und in seiner Umgebung zu bewirken! Denn eine innere Verbesserung bewirkt mit der Zeit immer auch eine Verbesserung im Äußeren.

Es ist also die Arbeit, die zählt, und wenn der Schüler die wahre Arbeit gefunden hat, ist er nicht mehr aufzuhalten. Ich erinnere mich, als ich sehr jung war, hatte der Meister Peter Danov die Gepflogenheit, mir immer wieder diese drei Worte zu sagen: »Rabota, rabota, rabota. Vreme, vreme, vreme. Vera, vera, vera.« Das heißt: Arbeit, Arbeit, Arbeit. Zeit, Zeit, Zeit. Glaube, Glaube, Glaube.[4] Er hat mir nie erklärt, warum er diese drei Worte immer wiederholte, aber es beschäftigte mich jahrelang, bis ich verstand, dass er in diesen drei Worten eine ganze Philosophie zusammengefasst hatte. Da ist also die Arbeit, aber um sie durchzuführen und durchzuhalten, braucht man den Glauben und vor allem die Zeit. Denn es braucht Zeit! Man darf sich nicht einbilden, alles mit einem Schlag verwirklichen zu können. Jetzt weiß ich, was »vreme« bedeutet. Die Jahre sind vergangen und ich sehe, dass »vreme« etwas ganz Wichtiges ist!

Und die Arbeit! Was gibt es noch zu diesem Wort zu sagen! Die Menschen arbeiten, sicher, sie basteln, um ihren Lebensunterhalt zu verdienen, aber das ist nicht die wahre Arbeit. Sie säen, schwitzen und erschöpfen sich und glauben, dass sie arbeiten, um ihr tägliches Brot sicherzustellen. Nein, sie haben mit der echten Arbeit noch nicht begonnen, denn das, was die Eingeweihten unter Arbeit verstehen, ist die Aktivität eines freien Wesens, eine edle, großartige Aktivität. Unter spiritueller Arbeit versteht man Aktivitäten ganz besonderer Art. Heute zeigte ich euch mindestens drei dieser Arbeiten, aber es gibt noch viele andere, die euch erwarten.

Anmerkungen

1. Siehe Band 30 der Reihe Gesamtwerke »Leben und Arbeit in einer Einweihungsschule«, Kapitel 6: »Materie und Licht«.

2. Siehe Band 8 der Reihe Gesamtwerke »Sprache der Symbole, Sprache der Natur«, Kapitel 9: »Warum der Mensch beim Sündenfall die Tiere mit sich gezogen hat«.

3. Siehe Band 236 der Reihe Izvor »Weisheit aus der Kabbala«, Kapitel 1: »Vom Menschen zu Gott: der Hierarchiebegriff« und Kapitel 3: »Die Engelshierarchien«.

4. Siehe Band 238 der Reihe Izvor »Der Glaube versetzt Berge«, Kapitel 13: »Rabota, vreme, vera: Arbeit, Zeit, Glaube«.

Kapitel 2

Wie man sich die Zukunft
Vorstellen soll

Die Zukunft, auch wenn sie noch sehr weit weg ist, eröffnet immer eine großartige Perspektive für die ganze Welt, denn für die Entwicklung des Menschen ist es vorgesehen, dass er sich mehr und mehr der Gottheit nähert. Versucht also, euch diesen wunderbaren Zustand der Entfaltung, Verschönerung und des Starkwerdens vorzustellen. Auf diese Weise kostet ihr ihn bereits, ihr lebt darin und er ist für euch schon Wirklichkeit geworden. Das ist eine wunderbare Übung, die euer Leben vollkommen verwandeln kann. Die Menschen sind weit davon entfernt so zu denken, und ihr Leben bleibt trüb, traurig und unglücklich.

Es gibt zwei große Wahrheiten, die man kennen muss: erstens, dass die Gedanken eine reale Kraft sind und zweitens, dass sie euch ermöglichen, euch in die Zukunft zu versetzen und diese Zukunft im Voraus zu leben. Wenn ihr zum Beispiel eine schwierige Situation vor euch habt wie ein Examen oder eine Gerichtsverhandlung, dann zittert ihr bereits mehrere Tage vorher und fragt euch besorgt, wie es wohl ablaufen wird. Oder wenn ihr daran denkt, dass ihr demjenigen oder derjenigen begegnen werdet, die ihr liebt und ihn oder sie in die Arme nehmen werdet, so kostet ihr bereits die Freude dieser nahen oder fernen Momente. Wenn ihr daran denkt, dass ihr euch eine Aufführung im Theater ansehen werdet oder zu einem köstlichen Essen eingeladen seid, dann lebt ihr schon diesen Abend und freut euch bereits im Voraus. Wenn euch also die Gedanken in eine nahe Zukunft versetzen können, warum nicht auch in eine entfernte?

Die Kraft der Gedanken ist real, das gilt für die negative Seite genauso wie für die positive, und deshalb muss man sie für die positive Seite verwenden. Die Eingeweihten, die all diese Tatsachen beobachtet haben, haben darin großartige Möglichkeiten entdeckt, um ihre Existenz zu verbessern, während sich die meisten Menschen niemals mit den Erfahrungen ihres täglichen Lebens beschäftigen, um daraus zu lernen: Sie leben unbewusst und immer im negativen Bereich, mit einem langen Gesicht und ständig mit dem beschäftigt, was nicht geht, was schrecklich und katastrophal ist. Das Unglück geschieht nicht, aber sie denken unaufhörlich so gut daran, dass es sich schließlich doch ereignet: Weil sie so viel daran gedacht haben, ist es ihnen gelungen, es anzuziehen!

Jeder hat schon feststellen können, dass man in Schrecken oder voller Hoffnung lebt, noch bevor ein Ereignis eingetroffen ist. Aber warum lebt man nur in der unmittelbaren Zukunft, im Heute oder Morgen? Wenn ich von der Zukunft spreche, so verstehe ich darunter jene ferne Zukunft des Menschen, die ihn viel später, vielleicht in Millionen von Jahren, erwartet. Wenn ich sehe wie die Leute an die Zukunft denken, dann finde ich, dass diese Zukunft noch so nah ist, dass sie für mich bereits der Vergangenheit angehört, denn das, was ich Vergangenheit nenne, sind die Sorgen, die Leiden, die Zweifel, die Qualen und Ängste. Und diese Vergangenheit wiederholen sie ewig, da sie sie in die Zukunft projizieren. Indem sie in der Zukunft die Leiden erwarten, erleben sie sie bereits heute, ohne zu wissen, dass ihre so genannte Zukunft in Wirklichkeit nur Vergangenheit ist.

Die Vergangenheit, wie ich sie verstehe, ist ein bedauernswerter Bewusstseinszustand, wo immer etwas fehlt, während die Zukunft ein vollkommener Bewusstseinszustand ist. Alle unvollkommenen Bewusstseinszustände, die ihr durchlebt, wie Befürchtungen, Ängste usw., haben also die Zukunft beeinflusst, aber sie gehören der Vergangenheit an, da die Vergangenheit nur aus Unordnung, Laster, Krankheit und Tierischem besteht. Zukunft bedeutet im Gegenteil Verbesserung und Vervollkommnung, denn wir gehen alle der Vollkommenheit entgegen.

Solange ihr die Unvollkommenheit von gestern in die Tage von morgen projiziert, reproduziert und wiederholt ihr immer wieder die alte Vergangenheit, und eure Zukunft besteht aus nichts anderem als Bruchstücken der Vergangenheit, die ihr vorausgedacht habt. Es ist wohl eine Projektion in die Zukunft, aber eine Projektion alles Lasterhaften und Wurmstichigen. Wenn ihr dagegen alles Schöne, Lichtvolle und Vollkommene vorausdenkt, lebt ihr bereits jetzt die Zukunft, die euch wirklich erwartet. Diese Zukunft ist dann bereits Realität, da ihr sie lebt. Und wenn man in der Gegenwart Dinge spürt, die noch nicht verwirklicht sind, ist das der Beweis dafür, dass sie in einer anderen Form bereits real sind; nicht auf der physischen Ebene, aber im Bereich der Gedanken, und das ist schon großartig.[1] Übt euch also dementsprechend und ihr werdet sehen, dass ihr nicht mehr so leben könnt wie in der Vergangenheit, das wird unmöglich.

Es ist ein Segen für euch, diese Wahrheiten zu kennen. Da ihr von jetzt an reich und mit täglich neuen Erkenntnissen ausgerüstet seid, könnt ihr euch eine Zukunft formen, die sich von der Vergangenheit in allem unterscheidet. Das ist sicher, mathematisch genau und absolut, wie die großen universellen Gesetze. Ihr braucht euch nur noch zu dieser spirituellen Arbeit aufzuschwingen. Und die erste Aufgabe ist, dass ihr anfangt über eure Gedanken zu wachen. Was ihr auch tut,

werft immer einen Blick auf euer Innenleben, um
zu wissen was eure Gedanken machen, womit sie
sich befassen. Ihr müsst immer achtsam, klar und
bewusst sein. Wie oft habe ich schon Menschen
gefragt: »Was denken Sie?« Und sie wussten es
nicht, sie hatten noch nie darauf geachtet. Das ist
unglaublich, den ganzen Tag denken sie, und wissen nicht, was sie denken! Wie sollen sie unter
diesen Bedingungen fähig werden, die instinktiven Kräfte zu beherrschen, sie zu lenken, zu konzentrieren und zu benutzen? Das ist vollkommen
unmöglich. Wenn ihr unbewusst alles hereinlasst,
ohne jegliche Kontrolle, dann werden euch diese
Kräfte eines Tages beherrschen. Um ihr Meister zu
werden, müsst ihr als Erstes die Situation in die
Hand nehmen, das heißt, euch eurer Gedanken und
Gefühle immer bewusst zu sein. Die größte Qualität eines Schülers ist, immer bewusst zu sein und
in jedem Augenblick zu wissen, welcher Natur die
Strömungen sind, die ihn durchfließen. Sobald sich
bei ihm ein negativer Gedanke oder ein negatives
Gefühl einschleicht, hält er es auf und ersetzt oder
verwandelt es.

Das ist die erste Arbeit: alles was in uns vorgeht zu beherrschen, auszurichten und zu meistern. Merkt es euch gut, denn das ist absolut. Die wahre initiatische Wissenschaft beginnt
damit, dass niemals ein inneres Ereignis, ein psychisches Phänomen, ein Gefühl, ohne euer Wissen aufkommen darf. Den meisten Leuten ist ihr

Innenleben nur bewusst, wenn sie Tragödien und Katastrophen durchmachen. Da fühlen sie dann, dass etwas Schreckliches in ihnen geschieht. Sind aber die Ereignisse weniger beeindruckend, dann sind sie sich ihrer nicht bewusst. Und so lassen sie es zu, dass sich negative Elemente in ihnen ansammeln, von denen sie nach und nach zerstört werden; wenn sie es merken, ist es bereits zu spät, um etwas zu ändern.

Ihr seht also, eure vorrangige Aufgabe ist es, wach zu sein, alles, was in euch vorgeht zu beobachten, und sobald sich ein negatives Element zeigt, alles zu tun, um es wieder in Ordnung zu bringen. Auf diese Weise erwerbt ihr euch wahre Kraft. Die Grundlage aller Kräfte liegt darin – in dieser Fähigkeit – sich selbst zu beobachten. Das hindert uns auch nicht daran, aktiv zu werden, zu arbeiten oder schöpferisch tätig zu werden. Manche glauben, wenn sie damit beginnen, sich zu analysieren, zu beobachten, dann könnten sie nichts mehr tun. Nein, das Gegenteil ist der Fall, die Analyse muss zur Gewohnheit werden. Diejenigen, die glauben, dass sich ihr psychisches Leben von alleine regeln wird, ohne jegliche eigene Bemühung um Klarheit und Analyse, werden enttäuscht sein. Es ist sinnlos, auf große spirituelle Verwirklichungen zu warten, wenn die grundlegenden Qualitäten nicht vorhanden sind, um mit dieser Arbeit beginnen zu können.

Immer wach und achtsam zu sein, um sofort zu wissen, welche Strömungen euch durchqueren, das ist der Anfang. Es gibt Augenblicke, in denen ihr zum Beispiel sauber macht, an etwas bastelt oder Auto fahrt und auf das konzentriert seid, was ihr tut. Aber in Wirklichkeit ist ein Teil von euch in negative, nachtragende Gedanken und Gefühle usw. versunken. Das kann stundenlang dauern, ohne dass ihr es bemerkt. Das ist es, worüber man sich bewusst werden muss, sonst hat es in euch die Wirkung von unterirdischen Bächen, die niemals aufhören zu fließen, solange ihr nicht einschreitet, um etwas zu ändern.

Ihr seht, man kommt immer wieder auf die von Jesus gegebene Weisung zurück: »Wachet und betet.«[2] »Wachet« heißt natürlich, dass man nicht schlafen soll, aber auf der spirituellen Ebene. Man muss in seinen Gedanken immer wach und achtsam sein, um feststellen zu können, dass es Strömungen, unreine, schädliche Elemente gibt und diese dann meiden. Wer nicht wachsam ist und sich nicht beobachtet, ist sämtlichen Gefahren ausgeliefert. Es gibt nichts Schlimmeres, als mit geschlossenen Augen zu leben. Man muss die Augen offen halten, um immer zu wissen, was in einem vorgeht. Nur wer die Augen offen hält, besitzt die Intelligenz des inneren Lebens, er lässt sich nicht mehr von irgendeiner Kraft oder Wesenheit fesseln. Es ist doch klar, dass ein schlafender Mensch von jedermann durch einen Angriff überrascht werden kann! Man muss also wachen!

Und »beten«, was bedeutet beten? Nachdem ihr gewacht habt, das heißt, einen Blick auf euer Innenleben geworfen habt, um zu sehen, was dort geschieht, müsst ihr eingreifen, euch der Angelegenheit direkt annehmen, um das eine Element herauszunehmen, ein anderes hinzuzufügen. Ihr müsst die Lage beherrschen, die Feinde daran hindern, dass sie sich ausbreiten und alles verwüsten. Das bedeutet beten. Beten heißt, ein Heilmittel herbeizuholen, eine Besserung herzustellen. Die beste Methode, um das zu erreichen ist, sich mit dem Himmel zu verbinden. Das menschliche Gehirn ist wie ein Radio oder ein Fernseher, es empfängt bestimmte Sender, gewisse Wellenlängen. Wenn ihr an eurem Radio den Knopf dreht, könnt ihr eine Sendung auswählen: Musik oder Nachrichten. Genauso ist es in eurem Inneren: Wenn ihr aus Versehen auf bestimmte Knöpfe drückt, hört ihr eine höllische Musik, Lärm, Streit. Wechselt also die Wellenlänge! Das ist sehr leicht, mit den Gedanken und der Vorstellungskraft drückt ihr einen anderen Knopf, und dann hört ihr die Sendungen des Himmels.

Beten ist nichts anderes, als den Knopf mit den kürzesten und schnellsten Wellenlängen zu berühren, die euch mit dem Herrn verbinden; und auf diese Weise ändert ihr die Bewegungen und Schwingungen in eurem Inneren. Beten heißt, eine positive, lichtvolle, göttliche Bewegung in euch auszulösen. Vergesst also niemals: Der erste Schritt zur Freiheit, zur Kraft ist, zuerst einen Blick auf

euer Inneres zu werfen, um zu sehen, wie es um
euch steht und dann heilsam einzugreifen, soweit
es euch möglich ist.

Diese Weisung »Wachet und betet« hat also eine
große Bedeutung im spirituellen Leben. Dem physischen Körper muss man so viele Stunden Schlaf
geben wie er braucht. Der Geist in euch aber darf niemals schlafen. Schlaft, aber lasst euren Geist weiter
arbeiten, selbst im Schlaf. Es gibt so viele Leute auf
der Erde, die unglücklich sind, die leiden, die im Dunkeln sind: Ihnen kann ein Eingeweihter gerade in der
Nacht helfen. Sein physischer Körper ruht, ausge-
streckt und unbeweglich, aber sein Geist geht überall
hin, um den Geschöpfen zu helfen und sie aufzuklären.
Sein Geist schläft nicht, er bleibt aktiv. Auch ihr könnt
mit dieser Arbeit beginnen, aber unter der Bedingung,
dass ihr lernt, euch auf den Schlaf vorzubereiten.[3] Sagt
euch bevor ihr einschlaft: »So, ich werde heute Nacht
meinen Körper verlassen, um in die unsichtbare Welt
zu gehen, dort unterrichtet zu werden und den Menschen zu helfen.« Vergesst niemals, mit einem herr-
lichen Ideal einzuschlafen, um im Jenseits Arbeiten zu
verrichten, denn dank dieses Ideals gestaltet ihr eure
Zukunft und die der ganzen Menschheit.

Anmerkungen

1. Siehe Band 231 der Reihe Izvor »Saaten des Glücks«, Kapitel 21: »Wir
   sind die Schöpfer unserer Zukunft«.

2. Siehe Band 215 der Reihe Izvor »Die wahre Lehre Christi«, Kapitel 9:
   »Wachet und betet«.

3. Siehe Band 228 der Reihe Izvor »Einblick in die unsichtbare Welt«, Kapitel 15 »Wie man sich im Schlaf schützen kann« und Kapitel 16.

Kapitel 3

Die psychische Verschmutzung

Alle Menschen denken. Aber wie? Man geht zu einem Misthaufen, beginnt ihn umzurühren und dabei entströmt ihm ein ekelhafter Geruch. Genauso ist es oft, wenn die Leute denken: Sie rühren und es stinkt bestialisch. Alle denken. Es gibt keinen Menschen, der nicht denkt. Sogar die Nichtstuer, die Faulenzer denken, aber ihre Gedanken treiben wie ein Blatt im Wind. Viele denken daran, wie sie täuschen, einbrechen oder jemanden umbringen können. Die Menschen bedienen sich Tag und Nacht ihrer Gedankenkraft, aber da sie sie nicht zu benutzen wissen, bringt es ihnen nicht viel, und nicht nur das, ihr Denken trägt auch noch dazu bei, dass sie sich quälen und selbst zerstören. Wirkliches Denken bedeutet zuallererst, zu wissen, woran und wie man denken sollte.

Die Gedanken sind eine Kraft, eine Macht, ein Instrument, das der Herr dem Menschen gegeben hat, damit er zum Schöpfer wird wie Er, das heißt, ein Schöpfer von Schönheit und Vollkommenheit. In Wirklichkeit kann der Mensch nämlich mit seinen Gedanken, sowohl in der göttlichen wie in der höllischen Welt, die verschiedenartigsten Materialien, Quintessenzen und Geschöpfe berühren; und wer nicht weiß, dass die Gedanken schöpferisch sind, versteigt sich oft in derart negative und zersetzende Beschäftigungen, dass er sich selbst zerstört.

Darum ist das einzig Wichtige, bewusst zu sein und zu wissen, ob es wirklich gut ist für die ganze Welt, was ihr mit euren Gedanken tut, was ihr euch wünscht und woran ihr arbeitet oder ob es für sie schädlich ist. Damit müsst ihr euch beschäftigen, ohne besorgt zu sein, ob eure Gedanken und Wünsche sich verwirklichen werden. Denn, ob gut oder schlecht, früher oder später werden sie sich verwirklichen, das ist sicher; und wenn es schlechte Gedanken sind, werdet auch ihr am Tag ihrer Verwirklichung ihr Opfer sein. Die menschliche Natur ist leider noch nicht sehr hoch entwickelt. Das Erste, was sich der Mensch wünscht: sie zu seinem Profit, zu seiner persönlichen und egoistischen Bereicherung zu nutzen, wenn man ihm bestimmte Mittel und Möglichkeiten enthüllt. Das ist das Gefährliche daran. Darum zogen es die Eingeweihten in der Vergangenheit vor, über Themen der Macht der Gedanken zu schweigen. Sie enthüllten es nur den Schülern, von denen sie wussten, dass sie Reinheit und Selbstbeherrschung besaßen. Ob man ihnen aber nun über diese Themen Enthüllungen macht

oder nicht, unbewusst benutzen die Menschen die
Macht der Gedanken trotzdem. Ob sie es wissen
oder nicht wissen, sie denken, wünschen, begeh-
ren und machen sich Vorstellungen. Ihnen also
nichts zu erklären, ist weder für sie selbst, noch für
alle anderen ein Schutz, darum ist es besser, sie zu
unterrichten, aber indem man sie warnt, dass sie im
Besitz von Möglichkeiten sind, die sich schrecklich auswirken können.

Jeder muss also wissen, dass er über gewisse,
von der Natur gegebene Fähigkeiten verfügt, und
dass er dank dieser Fähigkeiten der Urheber seines Schicksals ist. Man wird ihm sagen: »Machen
Sie was Sie wollen, aber Vorsicht, Sie werden die
Konsequenzen tragen müssen. Wenn Sie sich Geld,
Erfolg und Ruhm wünschen, sollten Sie zuerst
wissen, dass Sie diese nicht lange behalten können
und außerdem machen Sie sich von allen abhän-
gig, die darüber verfügen.« Jesus sagte: »Der Fürst
dieser Welt kommt, und nichts von dem was in mir
ist, gehört ihm« (Jh 14,30). Das bedeutet, dass der
»Fürst dieser Welt« (in Wirklichkeit der Teufel)
Reichtümer besitzt, die er unter diejenige verteilt,
die sich in seinen Dienst stellen. Jesus besaß nichts
von ihm, er war ihm also nichts schuldig, er war
frei. Diese Stelle in den Evangelien ist sehr tiefgrün-
dig. Wenn ihr euch einzig auf materielle Errungenschaften konzentriert, tretet ihr in Verbindung mit
dem Fürsten dieser Welt, weil er darüber verfügt
und sie verteilt. Direkt oder indirekt verlangt ihr

sie von ihm und habt mit ihm zu tun. Es kann sein, dass er sie euch gibt, aber dafür müsst ihr ihm eure Freiheit, eure Willenskraft geben... Also, Vorsicht!

Außerdem solltet ihr wissen, dass die derart unsauberen Gedanken und Gefühle, welche die Menschen um sich verbreiten, aus der psychischen Atmosphäre der Erde einen wahren Sumpf machen. Was ist ein Sumpf? Das ist ein Ort, der nicht von frischem Wasser gereinigt wird und wo es von allen Arten von Tierchen wimmelt: Sie entnehmen ihre Nahrung demselben Wasser, in dem sie ihre Exkremente hinterlassen. Die einen nehmen den Schmutz der anderen auf. Genauso ist die Menschheit: Würmer, Kaulquappen und Frösche, die in einem Sumpf ihren Schmutz abwerfen und den ihres Nachbarn schlucken – Krankheit, Hass, Sinnlichkeit, Boshaftigkeit, Eifersucht, Habsucht. Sie sehen es nicht, aber wenn sie nur ein wenig hellsichtig wären, könnten sie abscheuliche, schwarze, klebrige Formen sehen, die aus einer Vielzahl von Geschöpfen hervorquellen und sich anschließend in den atmosphärischen Schichten ansammeln.[1]

Diese Erfahrung macht man sogar, wenn man nach einem Aufenthalt in den Bergen in die Stadt zurückkommt. Nachdem man sich an die Reinheit der Berge gewöhnt hat, wo sehr lichtvolle Wesenheiten leben, ist es unmöglich, beim Zurückkommen die Wolkenschicht, die über einer

Stadt hängt, zu übersehen. Selbst bei klarem Wetter sieht und fühlt man diese Wolken, wie eine dichte, trübe Schicht, welche die Stadt bedeckt.

Man beklagt sich immer mehr über die Umweltverschmutzung. Die Wissenschaftler sind inzwischen alarmiert und haben entdeckt, dass bereits alles verschmutzt ist: die Erde, das Wasser, die Luft, und dass die Pflanzen, die Fische, die Vögel und die Menschen dabei sind, zu sterben. Sie wissen nicht mehr, wie dem abzuhelfen ist. Und selbst wenn sie eine Möglichkeit fänden, wäre dies nur zur Verbesserung der äußeren Situation. Das ist nicht ausreichend, denn in der spirituellen Welt verbreiten sich ebenfalls Schmutzwolken, die im Begriff sind, die Menschheit zu töten und wenn die Leute wirklich sensibel wären, könnten sie fühlen, dass es sich in der Atmosphäre der psychischen Welt noch viel schwieriger atmen lässt, als in der physischen. Man beklagt sich über die Auspuffgase, aber auch die Menschen tun nichts anderes, als die spirituelle Atmosphäre mit giftigen Gasen zu verderben, nämlich mit ihren negativen Gedanken und ihren Gefühlen voller Hass, Eifersucht, Wut und Sinnlichkeit. Alles was an unreinen Gedanken und Gefühlen im Menschen verschimmelt und verfault, produziert eine verpestete Ausdünstung, an der man erstickt. Man beschuldigt die Autos, aber was sind die Autos neben fünf Milliarden unwissender Geschöpfe, die niemals gelernt haben, ihr Innenleben zu beherrschen?

Dass es jetzt so viele Kranke gibt, kommt nicht nur durch die Verschmutzung der Luft, des Wassers und der Nahrungsmittel, nein. Wenn die psychische Atmosphäre nicht derartig verschmutzt wäre, würde es dem Menschen gelingen, die äußeren Giftstoffe zu neutralisieren. Das Übel ist zuerst im Inneren zu suchen. Wenn der Mensch sich in Harmonie befindet, reagieren seine inneren Kräfte und entledigen sich, selbst auf der physischen Ebene, der Unreinheiten. Auf diese Weise gelingt es dem Organismus sich zu verteidigen.

Die Verwundbarkeit ist zuerst im Inneren. Erst nach und nach manifestiert sich diese Schwäche schließlich auch außen. Nehmt das Beispiel von jemandem, der einen sehr starken Glauben und sehr reines Blut hat. Er kann unter den Pest-, Lepra- und Tuberkulosekranken leben, ohne angesteckt zu werden. Andere dagegen, die flüchten, um dem zu entkommen, werden von den Mikroben eingeholt! Ja, weil sie innerlich eine Fäulnis haben, und diese ist für die Mikroben eine gute Nahrung. Ich habe es euch bereits erklärt, dass die Reinheit des Blutes und der Gedanken alle vorteilhaften Bedingungen für die unerwünschten Wesenheiten beseitigt, selbst auf der physischen Ebene. Wenn das Übel jedoch bereits in die Gedanken und Gefühle, in das Herz und in die Wünsche eingedrungen ist, dann ist da eine offene Tür und es ist für die Krankheiten schließlich sehr leicht, sich auf der physischen Ebene einzuschleichen und Zerstörung anzurichten!

Das hat die Wissenschaft noch nicht verstanden, sie ist auf diesem Gebiet sehr weit zurück. Auf allen anderen Gebieten ist sie sehr fortgeschritten. Sie sendet Raketen und Menschen auf andere Planeten, aber in der Erforschung der inneren Welt ist sie sehr weit zurückgeblieben. Deshalb gibt es kaum noch gesunde Menschen auf der Erde. Die Reinheit muss zuerst innerlich gepflegt werden –, in den Gedanken, Gefühlen, Wünschen, Blicken, Worten und Gesten. Die gesamten Ausstrahlungen müssen verändert und verbessert werden.[2]

Wie ist es möglich nicht zu bemerken, dass die Verschmutzung nicht nur auf der physischen Ebene existiert? Es gibt Leute, die euch allein durch ihre Ausstrahlungen, ohne euch zu berühren, vergiften können. Wenn es Labors mit ausreichend perfektionierten Geräten gäbe, könnte man feststellen, dass gewisse fluidische Ausstrahlungen der Menschen in der Lage sind, kleine Tiere zu ersticken. Außerdem könnte man auch das Gegenteil feststellen: nämlich, wie segensreich die Ausstrahlungen eines spirituellen Menschen für alle Geschöpfe sind, selbst für die Steine, die Pflanzen und Tiere. Seine absichtslose, von Liebe erfüllte Anwesenheit, wirkt ebenso vorteilhaft auf alle, die ihn umgeben, wie die Anwesenheit eines Kriminellen unvorteilhaft auf sie wirken kann. Selbst die Geister, die die Erde verlassen haben, suchen ihn auf, um sich von seinen Ausstrahlungen zu nähren. Dass die Atmosphäre auf der Erde uns noch nicht vollkommen ersticken lässt, haben wir diesen Wesen zu verdanken, die an nichts anderes denken, als ihrer Umgebung Frieden und Licht zu bringen.

Wie kann man den Menschen beibringen, ihre Gedanken, ihre Gefühle und Begierden zu beherrschen, um die Natur und die ätherischen Regionen nicht mehr zu verschmutzen? Sie sind nicht einmal in der Lage, die physische Ebene sauber zu halten, wie viel mehr dann die psychische, die sie nicht sehen können. Sie senden weiterhin ihre negativen Gedanken und Gefühle aus und erfüllen damit alle, die mit ihnen verkehren. Vielleicht ist das Bewusstsein dieser Personen nicht genügend wach, um sich die Natur der Elemente klar zu machen, die da in sie eindringen, sie vergiften und zerstören. Aber auch wenn sie es nicht wissen, diese Elemente wirken bereits; und diejenigen, die sie ausgesendet haben, werden bestraft. Ja, weil alles aufgezeichnet wird: Wie viele Orte sie verschmutzt, wie viele Menschen sie besudelt haben, das wird alles notiert.

Die Natur ist ein lebendiger Organismus, dem auch wir angehören.[3] Jeder Mensch ist eine Zelle irgendwo in diesem riesigen kosmischen Organismus, der ihn trägt, ernährt und belebt. Wenn er sich wie ein Übeltäter verhält, der die Atmosphäre vergiftet, wird er in diesem Organismus zu einer Art Tumor. Nachdem die Natur aber kein Individuum unterstützen kann, das andauernd im Begriff ist, Entzündungsherde zu verursachen, nimmt sie eine Säuberungsaktion vor und er wird vertrieben. Was glaubt ihr, sie weiß sich zu verteidigen, die Natur! Man muss also darum bemüht sein, mit diesem großen universellen Organismus, der uns »beherbergt und ernährt«, in Harmonie zu leben.

Im Einklang mit der Natur zu leben heißt, Vorsichtsmaßnahmen zu treffen, um weniger Schmutz auszusenden und weniger Schaden anzurichten, und im Gegenteil daran zu arbeiten, den Raum mit reinen, lichtvollen und segensreichen Gedanken anzufüllen. Nachdem die Dinge niemals am gleichen Platz stehen bleiben, sondern sich verbreiten, sind diese reinigenden Schwingungen ein Segen für die Menschheit. Wo aber sind jene aufgeklärten Menschen, die diese Arbeit gerne machen wollen? Davon gibt es nicht viele. Jeder ist mit seinen eigenen Interessen beschäftigt und versucht Erfolg zu haben um jeden Preis, mit Fäusten, Krallen, Zähnen und Hufen. Überall benutzt man solche Waffen, um sich einen Weg zu bahnen. Diese Haltung muss die Menschheit jedoch teuer bezahlen!

Es müssen sich auf der ganzen Welt spirituelle Zentren bilden, wo die in der Einweihungslehre unterrichteten Menschen lernen, die Atmosphäre zu reinigen, zuerst die innere und dann die äußere. Das ist die Ankunft des Reiches Gottes auf Erden.

Anmerkungen

1. Siehe Band 210 der Reihe Izvor »Die Antwort auf das Böse«, Kapitel 7: »Die Frage der Unerwünschten«.

2. Siehe Band 7 der Reihe Gesamtwerke »Die Reinheit«, Kapitel 1, Abschnitt 4: »Die Reinheit in den drei Welten«.

3. Siehe Leseprobe Nr. 4 »Der Mensch im Kosmos«.

Kapitel 4

Leben und Kreisen der Gedanken

Teil 1

Eines müsst ihr unbedingt wissen und das ist, dass alle Gedanken, selbst die schwächsten und unbedeutendsten, eine Realität sind. Man kann sie sogar sehen, es gibt Wesen, die sie sehen können. Auf der physischen Ebene bleiben sie natürlich unsichtbar und ungreifbar, aber sie sind Wirklichkeit. Und durch die subtile Materie, aus der sie bestehen, sind sie lebendige Geschöpfe, die sogar handeln. Die Unkenntnis dieser Wahrheit ist der Grund vielen Unglücks. Die Menschen sehen und fühlen nicht, dass die Gedanken arbeiten, dass sie aufbauen oder aber zerreißen und zerstören, und sie erlauben sich, alles Mögliche zu denken, ohne zu wissen, dass sie sich auf diese Weise den Weg zur Entwicklung versperren.

Gott hat die größte Macht, die Er gewähren konnte, dem Geist geschenkt. Nachdem jeder Gedanke von dieser Macht des Geistes, der ihn erschuf, durchdrungen ist, hat er natürlich seine Wirkung. Mit dieser Erkenntnis könnt ihr Wohltäter der Menschheit werden. Jeder kann seine Gedanken wie Boten, wie kleine, lichtvolle Geschöpfe durch den Raum senden, bis hin zu den entferntesten Regionen, und sie beauftragen, den Wesen zu helfen, sie zu trösten, aufzuklären und zu heilen. Derjenige, der diese Arbeit bewusst vollzieht, dringt nach und nach in die Geheimnisse der göttlichen Schöpfung ein.

Wenn sich die offizielle Wissenschaft nur entscheiden wollte, sich mit einer so wichtigen Frage wie der Gedankenkraft zu beschäftigen! Aber nein, im Augenblick entwickelt sie Raketen und Bomben. Ich weiß dennoch, dass sich einige Forscher in den Vereinigten Staaten und in der Sowjetunion mit Telepathie beschäftigen. Nehmen wir nur eine der amerikanischen Erfahrungen. Man wählte zwei medial begabte Personen aus. Die eine sollte mit Hilfe der Gedanken Botschaften aussenden und die andere sie empfangen. Die »sendende« Person war in Washington, überwacht von einer Expertenkommission, die alles prüfen und kontrollieren musste. Alle Botschaften, die diese Person aussandte, wurden aufgeschrieben und in einem Safe eingeschlossen, damit nichts gefälscht werden konnte. Die »empfangende« Person wurde an Bord eines U-Bootes in den pazifischen Ozean gebracht, also Tausende von Kilometern entfernt in eine große Meerestiefe. Sie notierte die empfangenen

Botschaften und wurde ebenfalls von einer Kommission überwacht, die die notierten Botschaften genauso in einen Safe einschloss. Als man dann die ausgesandten und die empfangenen Botschaften miteinander verglich, wichen sie nur zu einem ganz kleinen Prozentsatz voneinander ab.

Dieses Experiment hat bewiesen, dass der Mensch fähig ist, über eine sehr große Entfernung Schwingungen in den Raum zu projizieren. Man weiß nicht, wie weit diese Schwingungen gehen können, genauso wenig wie man weiß, welche Entfernung die Strahlen der Sonne oder der Sterne zurücklegen können; da ja das Licht eines seit Tausenden von Jahren erloschenen Sterns immer noch den Raum durchquert. Genauso ist es mit den menschlichen Gedanken: Unsere Gedanken sind die Strahlen einer Sonne, und diese Sonne ist unser Geist. Die Sonne strahlt eine Quintessenz von außerordentlicher Kraft aus, die von ihren Strahlen – wie von kleinen, mit Nahrung und Reichtümern beladenen Waggons – sehr weit in den Raum transportiert wird. Und unser Geist sendet seine Strahlen, die Gedanken, ebenso in den Raum wie die Sonne, und sie führen das Gute oder Böse mit sich, mit dem sie beladen wurden.[1]

Dieses Experiment zeigt auch, dass die Gedanken, im Unterschied zu den Alpha-, Beta-, Gamma- und Röntgenstrahlen, die schnell vom Wasser aufgehalten werden, sehr tief in das Wasser eindringen können. Der Gedanke kann also

stärker durchdringen als diese Strahlen und in sehr
großer Entfernung wirksam sein. Ihr denkt etwas –
und schon verlässt euch dieser Gedanke und geht in
die Welt, um auf die Gehirne anderer Personen einzuwirken. Ihr bringt also mit euren Gedanken die
verschiedensten, euch unbekannten Mechanismen
in Bewegung. Welche Schlussfolgerung muss man
daraus ziehen? Dass man, wenn man sich gehen
lässt und negative, trübe und zerstörerische Gedanken hegt, durch das Gesetz der Affinität in vielen
Tausenden von Köpfen anderer Menschen den gleichen Zustand hervorruft. Selbst wenn man sich dessen nicht bewusst ist, es ist so, und man ist dafür verantwortlich.[2] Man wird auch bestraft werden, denn
man hat nicht das Recht, einen Menschen negativ zu
beeinflussen oder etwas Gutes in ihm zu zerstören.

Wenn die Menschen sensibel genug wären,
könnten sie sehen, wie manche Personen von einer
Wolke düsterer Wesenheiten umgeben sind, die
nach einiger Zeit losziehen und im Raum Schäden
anrichten, ohne dass sich diese Personen bewusst
sind, dass sie selbst die Ursache dafür sind. Stellt
euch vor, ihr hasst jemanden so sehr, dass ihr täglich daran denkt, ihn umzubringen; selbst wenn
ihr es nicht tut, weil ihr es nicht wagt, können sich
eure mörderischen Gedanken dennoch realisieren, denn irgendwo in der Welt gibt es jemanden,
der dieselbe Struktur und Veranlagung wie ihr
besitzt; und durch das Gesetz der Affinität empfängt er eure Gedanken und führt ein Verbrechen

aus, das ihr, ohne es zu wissen, verursacht habt. Wie viele Leute begehen schreckliche Taten und sagen anschließend: »Ich weiß nicht, wie das passieren konnte, ich habe nie daran gedacht. Ich bin nur einem Impuls gefolgt, er war stärker als ich.« Sie sind selbst überrascht und verstehen nicht, wie es dazu kommen konnte. Nun, es geschieht eben häufig, dass jemand, ohne es zu wissen, beeinflusst wird. Was ich euch hier die Gedanken betreffend sage, das gilt natürlich ebenso für die Gefühle, da die Gedanken und die Gefühle eine Kraft sind, die vom Menschen ausgeht in den Raum, um sich dort gut oder böse auszuwirken.

Entscheidet euch also, nur Gedanken und Gefühle auszusenden, die segensreiche Konsequenzen haben. Wenn ihr merkt, dass ihr nicht mehr Herr der Lage seid, dass ihr euch negativen Impulsen hingebt, dann reagiert und versucht, eine andere Richtung einzuschlagen. Wenn ihr nicht bewusst seid, wenn ihr ohne es zu bemerken, schlechte Gedanken nährt, arbeiten diese an eurem Unglück. Es heißt in den Evangelien: »Seid wachsam!« Das bedeutet wach zu sein für alles, was in euch selbst vorgeht und nicht außerhalb, denn außerhalb ist es nicht sehr riskant. Es ist nicht notwendig, dauernd angespannt zu beobachten, wer euch an der nächsten Straßenecke überfallen wird.

»Seid wachsam...«, das heißt der Geist, das Bewusstsein muss wach sein. Dieser Rat betrifft viel mehr das innere, als das äußere Leben.

Äußerlich werdet ihr in Ruhe gelassen, es geschieht nicht täglich, dass euch jemand das Messer an die Brust hält, aber innerlich prasseln die Schläge auf euch ein! Ihr werdet gebissen, gestochen und zerrissen, man schüttet euch kochendes Wasser über den Kopf und taucht euch anschließend in Eiswasser. Es ist Dantes Hölle! Nun, all diese Qualen sind Gedankenbruchstücke, die ihr hinausgeschleudert habt und jetzt kommen sie auf euch zurück. Dieses Gesetz müsst ihr kennen und von nun an begreifen, dass es nichts Wichtigeres gibt, als sich seiner Gedanken bewusst zu sein und sie zu überwachen. Gewiss, das könnt ihr nicht sofort erreichen. Eine Zeit lang werdet ihr noch durch Erschütterungen gehen müssen, aber ihr habt wenigstens die Möglichkeit, eines Tages Herr der Situation zu werden.

Anmerkungen

1. Siehe Band 212 der Reihe Izvor »Das Licht, lebendiger Geist«, Kapitel 2: »Die Sonnenstrahlen: Ihre Natur und ihre Aktivität«.

2. Siehe Band 29 der Reihe Gesamtwerke »Die Pädagogik in der Einweihungslehre«, Kapitel 2: »Unsere Verantwortung«.

Teil 2

Entsprechend der Kraft, der Natur, der Qualität, der Absicht und des Gefühls, die der Mensch in seine Gedanken hineinlegt, steuern sie auf ganz bestimmte Wesen oder Gegenstände zu. Manche Gedanken leben nicht lange, während andere Jahrhunderte und Jahrtausende überleben. Ja, aus den ägyptischen, chaldäischen, assyrischen und sogar atlantischen Epochen treiben noch heute Gedanken im Raum. Manche dieser Gedanken sind derartig böse und giftig, dass sie immer noch Zerstörungen verursachen, während andere immer noch die Quelle großen Segens sind.

Jeder Gedanke muss als Individuum betrachtet werden, das versucht, so lange wie möglich zu leben, bis es sich dann schließlich nicht mehr halten kann und stirbt. Zudem vereinen und verstärken sich alle Gedanken, die gleichartig sind. Man ist es nicht gewohnt, die Gedanken als lebendige Wesen zu betrachten, davon wird in der offiziellen Wissenschaft nichts erwähnt, das ist ein vollkommen unbekannter Bereich. Allein die

Einweihungswissenschaft, die sich mit dieser Frage ausführlich beschäftigt hat, lehrt, dass die Gedanken lebende Wesen sind und sie sagt sogar, dass sie nicht vom Menschen erschaffen werden. Sie können sich in ihm niederlassen, um ihm zu helfen oder zu schaden, aber er ist nicht ihr Schöpfer. Er schafft lediglich die Bedingungen, damit sie ihn aufsuchen. Es geschieht mit den Gedanken wie mit den Kindern. Der Mann und die Frau können niemals ein Kind erschaffen, das heißt seinen Geist. Sie erbauen ihm lediglich seine Wohnung, den physischen Körper, der dann von seinem Geist bewohnt wird, und diese Wohnstätte ist entweder eine Hütte, ein Palast oder ein Tempel, entsprechend der Qualität des Materials, das sie sich beschaffen konnten.

Der Mensch erschafft also die Gedanken nicht, er zieht sie nur an oder stößt sie ab, denn auch in diesem Bereich wirken die Gesetze der Anziehung und Abstoßung. Wenn er sie erschaffen könnte, müsste er sie auch vernichten können, aber das ist nicht der Fall, diese Erfahrung konntet ihr selbst machen. Wie oft überfallen euch Gedanken wie ein Wespen- oder Mückenschwarm und ihr werdet sie nicht wieder los. Warum? Weil ihr die Bedingungen geschaffen habt, um sie anzuziehen. Ihr habt in eurem Inneren Unreinheiten herumliegen lassen, und das zieht die Kreaturen an, die diesen Unrat lieben. Reinigt euch, und ihr werdet sehen, welche Gedanken dann kommen! In allen Regionen des Raumes gibt es Gedanken... bis hin zu der Welt der Ideen, von der Plato sprach. Was sind Ideen? Das sind ewige Prinzipien, Archetypen, Kräfte, die daran arbeiten, das Universum zu gestalten. Es sind Gottheiten. Jede Idee ist eine Gottheit.

Ihr werdet sagen: »Aber wie und womit ziehen wir die Gedanken an? Erschaffen wir Gedanken, welche dann andere anziehen?« Nein, in Wirklichkeit kommen wir auf die Welt, und die Gedanken bewohnen uns bereits. Diese Gedanken sind wie Arbeiter, die an der Konstruktion unserer Existenz teilnehmen.

Jeder von uns ist ebenfalls ein Gedanke. Das ganze Universum ist nur von Gedanken des Herrn bewohnt. Er denkt, und alle sichtbaren und unsichtbaren Geschöpfe sind seine Gedanken. Man kann also sagen, dass allein Gott denkt, und wir, wir denken in dem Maße, wie wir fähig sind, uns Ihm zu nähern und uns mit Seinem Geist zu identifizieren. Solange wir nicht vom göttlichen Geist erfüllt sind, denken andere Wesen durch uns und verfügen über uns.

Diese Wesen können verschiedenster Art sein. Wenn ihr von Freude erfüllt, innerlich weit und voller Staunen seid, wenn ihr sehr erhabene und reine Gedanken habt, dann sind diese Gedanken sehr mächtige Geister, die euch besuchen, um euch zu belohnen und euch zu helfen, auf dem rechten Weg zu bleiben. Ihre Anwesenheit erzeugt wunderbare Zustände in euch. Wenn sie dann wieder gehen, verliert ihr diese Zustände, und auch wenn ihr euch bemüht, sie wieder zu erlangen, gelingt es euch nicht. Hättet ihr diese Zustände selbst erschaffen, müsste es euch möglich sein, sie wieder zu erlangen, wann, wie und so oft ihr es wollt. Aber nein, sie kamen als Besucher. Sie haben ihren Plan, ihr Programm, und wenn ihr in eurem Inneren vorteilhafte Bedingungen geschaffen habt, schenken sie euch im Vorbeikommen ihren Segen.

Wie ich euch aber vorhin schon sagte, sind Gedanken auch Wesenheiten, die im Dienst des Menschen stehen, und durch sie ist es ihm möglich, andere Wesenheiten anzuziehen. Stellt euch vor, ihr habt in eurem Haus Diener und gebt ihnen den Auftrag, ein Festmahl zu bereiten und Gäste einzuladen. Ihr seid also weder die Gäste noch die Diener. Ihr seid der Herr oder die Frau des Hauses, und sie sind eure Diener. Genauso stehen dem Menschen in seinem Inneren seit seiner Geburt eine bestimmte Anzahl Diener zur Verfügung. Es sind Gedanken, aber auch Gefühle, Impulse; das sind unabhängige Wesenheiten. Ich weiß wohl, dass es euch sehr schwer fällt, derartige Ideen zu akzeptieren, weil man euch ganz anders unterrichtet hat. Es gibt sogar Wissenschaftler, die behaupten, die Gedanken seien das Resultat eines Sekrets des Gehirns, so wie die Gallenflüssigkeit von der Gallenblase ausgeschieden wird! Nein, das ist ein Irrtum.

So viele Diener wir also im Inneren haben, so
viele Möglichkeiten haben wir auch, um Bedingungen herzustellen, damit uns der Himmel in
Gestalt von Begabungen, Tugenden und Fähigkeiten besucht und bewohnt. Wenn wir aufhören,
vernünftig zu sein, verlassen uns diese Wesenheiten, weil sie es nicht ertragen, unter solchen
Bedingungen zu leben. Sie ertragen keine Häss-
lichkeiten, üblen Gestank und Gärungen, da
flüchten sie. Wenn wir unsere Gedanken selbst
erschaffen könnten, müssten wir uns auch neue
Begabungen zimmern können oder fähig sein,
diejenigen, die wir besitzen, nicht zu verlieren.
Doch wie viele Leute haben ihr Talent als Sän-
ger, Maler, Musiker usw. oder als Heiler und
Hellseher verloren!

In unserem Inneren kommen und gehen
unablässig Wesenheiten. Dort ist ein ständiger
Verkehr, denn wir sind wie ein Haus mit vielen
Stockwerken und Zimmern, in dem ein ganzes
Volk von Mietern ein- und ausgeht.[1] Ja, und oft
ist der Herr des Hauses, der Arme, irgendwo in
einer kleinen Kammer eingesperrt und niemand
gehorcht ihm, keiner hört auf ihn. Die anderen,
die Mieter, die Diener sind es, die ihm ihren
Willen aufzwingen. Sie haben eine Revolution
veranstaltet, haben ihn in das Verlies gesperrt
und geben ihm gerade so viel Wasser und Brot,
dass er nicht verhungert. Sie aber regieren und
kommandieren.

Ihr glaubt mir nicht? Aber ja, es gibt viele Leute, die nicht mehr Herr der Situation, nicht mehr König ihres Reiches sind. Alle, die in ihnen wohnen, essen und trinken und vergnügen sich, aber sie selbst, die Armen, können das nicht verhindern, sie haben nichts zu sagen, keiner hört auf sie. Warum? Weil sie nicht vernünftig waren. Sie haben sich ihren niederen Gelüsten und Launen überlassen und damit eine immer größer werdende Anzahl von niederen Wesen angezogen, die sie gefesselt halten. Sie können nur noch zusehen was passiert, aber nicht mehr das Geringste daran ändern. Um also jetzt die Situation wieder richtig zu stellen, müssen sie Hilfe suchen, Freunde, um die Feinde zu verjagen und die Herrschaft ihres Reiches wiederzuerlangen. Sie dürfen nicht länger warten, sondern müssen sofort reagieren, anderenfalls wird es immer noch schlimmer.

Gewiss, es fällt euch schwer zu begreifen, dass nicht ihr selbst die Schöpfer eurer Gedanken seid, aber das ist die Wirklichkeit. Der Mensch hat eine riesige Anzahl von Gedanken zu seiner Verfügung, sie sind seine Diener, genauso wie ein Vater eine Anzahl Kinder haben kann, die ihm bei seiner Arbeit behilflich sind, aber er ist nicht ihr Schöpfer. Der Vater und die Mutter haben ihnen den physischen Körper gegeben, aber der Geist kam von woanders her. Als Geist sind wir selbst auch ein Gedanke, aber nicht wir haben diesen

Gedanken erschaffen, sondern der Herr. Wir sind also ein mächtiger Gedanke, gut ausgerüstet, und dieser Gedanke hat seinerseits viele andere Gedanken in seinem Dienst.

Wir sind eine Schöpfung Gottes, und Er allein erschafft die Gedanken und sendet sie aus. Die Engel und Erzengel sind auch Gedanken Gottes; und das Universum ist der Tempel, den Gott mit Seinen Gedanken bevölkert hat, das heißt mit Dienern, Wesenheiten, Geistern. Der Herr hat die Gedanken, die Geister erschaffen und das Universum, um sie zu beherbergen.

In gleicher Weise bereitet der Mensch die Bedingungen, die Wohnung, in welcher er die Gedanken empfangen wird. Aber er erschafft sie nicht, genauso wenig wie das Leben, das er seinen Kindern schenkt. Die Eltern sind die Erzieher, man hat ihnen Geschöpfe zur Pflege, zur Erziehung geschickt. Sie wissen nicht einmal, woher sie kommen, noch wer sie sind. Sie sollten aber wissen, dass sie eines Tages Rechenschaft ablegen müssen über die Art, wie sie diese Aufgabe gelöst haben. Wenn sie nachlässig und unachtsam waren, werden sie bestraft; wenn sie aber gute Erzieher waren, erhalten sie den Lohn für ihre Arbeit.

Denkt nach über diesen Vergleich zwischen den Gedanken und den Kindern. Er erscheint euch vielleicht zu einfach und nicht genügend philosophisch, er entspricht aber der Wahrheit. Ihr seid von euren Gedanken umgeben wie von euren eigenen Kindern.[2] Ja, eine ganze Schar! Ihr müsst sie ernähren, waschen und unterrichten. Manche hängen an uns, nehmen unsere Kräfte und erschöpfen uns, ohne dass wir uns dessen bewusst sind. Andere gehen in die Welt hinaus, um zu stehlen und Schaden anzurichten. Da es aber in der unsichtbaren Welt auch eine Art Polizei gibt, wird sie euch finden und für die Dummheiten eurer Kinder verantwortlich machen. Dann werdet ihr vor das Gericht der höheren Welt gestellt, das euch zu Schadensersatz verurteilt! Wenn ihr Kummer, Verwirrung, Trauer oder Bitterkeit empfindet, ohne zu wissen warum, dann sind dies Schulden, die ihr in der unsichtbaren Welt zu bezahlen habt.

Aus diesem Grund habe ich immer beharrlich darauf bestanden, dass wir mit unseren Wünschen und Gedanken engelhaften, göttlichen Kindern Gestalt geben müssen, die dann um uns sind und uns nur Segen bringen.

Anmerkungen

1. Siehe Band 9 der Reihe Gesamtwerke »Im Anfang war das Wort«, Kapitel 12: »Im Haus meines Vaters gibt es viele Wohnungen«.

2. Siehe Band 4 der Reihe Gesamtwerke »Das Senfkorn«, Kapitel 12: »Wachset und mehret euch« und Band 12 der Reihe Gesamtwerke »Die Gesetze der kosmischen Moral«, Kapitel 14: »Durch seine Gedanken und Gefühle wirkt der Mensch schöpferisch auf die unsichtbare Welt ein«.

Kapitel 5

Wie die Gedanken sich in der Materie verwirklichen

Man muss ständig auf das Thema Gedanken zurückkommen: Was sie sind, wie sie arbeiten, wie sie sich in der Materie verwirklichen und welche Bedingungen sie brauchen, um sich zu verwirklichen. Viele Dinge im Leben hängen vom richtigen Verständnis dieser Frage ab. Wenn sie nicht geklärt ist, bleibt ein Großteil der Probleme ungelöst.

Manche Spiritualisten, die irgendwo gelesen haben, dass die Gedanken eine allmächtige Kraft sind, stürzen sich auf Konzentrationsübungen, um Ergebnisse auf der physischen Ebene zu erzielen. Aber da sie zuvor nicht untersucht haben, in welchen Fällen das stimmt und wann nicht, sind sie enttäuscht, wenn die Ergebnisse ausbleiben. Auch wenn sie sich jahrelang konzentrieren, werden sie nichts erreichen, weil sie sich nicht ausreichend mit diesem Thema beschäftigt haben. Die Gedanken sind allmächtig, das stimmt, aber um zu verstehen, worin ihre Macht besteht, muss man wissen, in welcher Region und mit welchen Materialien sie arbeiten, wie sie die nächsten und dann alle folgenden Regionen beeinflussen, bis sie schließlich auf die materielle Ebene herunterkommen.

Die Natur hat Gesetze eingerichtet. Warum also sollte der Mensch so viel Zeit und Kraft verlieren, um diese Gesetze zu übertreten? Wenn ihr aus der Zuckerdose ein Stück Zucker in den Mund haben wollt, könnt ihr euch lange konzentrieren, es setzt sich nichts in Bewegung... und ihr seid enttäuscht und entmutigt. Nehmt es dagegen mit der Hand, legt es in euren Mund und schon habt ihr es, ohne große Geschichten! Um Gegenstände zu ergreifen, hat uns die Natur eine Hand gegeben. Ihr erwidert: »Was sollen wir denn dann mit den Gedanken tun?« Mit den Gedanken kann man viel wichtigere Dinge verwirklichen, aber man muss ihre Eigenart, ihren Mechanismus kennen und wissen, wie sie arbeiten.

Die Gedanken sind eine Kraft, eine Energie. Aber sie bestehen auch aus einer sehr feinen Materie, die in einer der physischen Ebene sehr weit entfernten Region arbeitet. Nehmen wir das Beispiel der Antennen. Sicher habt ihr schon auf Dächern oder auf der Spitze eines Turmes Radio- oder Fernsehantennen gesehen, und ihr wisst auch, dass sie dazu dienen, Wellen und Schwingungen aufzufangen. Hat sich auf diesen Antennen seit ihrer Installation eine Schicht gebildet, zeigen sie irgendwelche Ablagerungen von den empfangenen Schwingungen? Nein, sie haben weder ihr Gewicht noch ihr Volumen verändert. Sie haben etwas empfangen, aber dieses Etwas ist nicht materiell. Es bedarf zwar immer einer materiellen Basis, um Wellen zu erzeugen, aber die Wellen selbst sind nicht materiell. Die Antennen empfangen also Schwingungen, bestimmte Wellenlängen und übertragen sie dann auf die verschiedensten Apparate, welche diese Bewegungen ihrerseits wieder an andere Apparate weitergeben, die schließlich physische Phänomene auslösen.

Oder stellt euch vor, ich stoße mit der Hand oder mit Hilfe eines Gegenstandes, eine auf der Erde liegende Kugel an. Indem ich sie anstoße, übertrage ich ihr eine Energie. Ich habe ihr nichts Materielles gegeben, doch die Kugel beginnt zu rollen, weil ich ihr eine Energie übertragen habe, die sie in Bewegung brachte, bis diese Energie verbraucht war oder die Kugel einem Hindernis begegnete.

Diese Beispiele können euch verständlich machen, dass die Gedanken, die wir formen, die feste, sichtbare Materie noch nicht berühren. Sie berühren und bringen nur das zum Schwingen, was ihrer Natur am nächsten steht, das heißt, die allerfeinsten Elemente, die in uns oder in den anderen existieren. Unsere Gedanken übertragen sich also genauso, wie die Antriebskraft sich auf die Kugel überträgt.

Die Gedanken als Energieform, Schwingung und Kraft, werden von bestimmten, mit Antennen ausgestatteten Zentren wahrgenommen. Diese Antennen, die im Gehirn oder noch höher, auf der ätherischen Ebene liegen, beginnen zu vibrieren und an die anderen Apparate Botschaften weiterzuleiten. In dem Moment wird im ganzen Körper Verschiedenes aufgezeichnet und ausgelöst. Kräfte und Energien beginnen zu kreisen. Gewiss, man sieht es nicht und es ist sinnlos, auf der physischen Ebene Ergebnisse sehen zu wollen. Aber im feinstofflichen Bereich hat sich etwas verändert. Wenn man nun aber dafür sorgt, dass die Übertragung auf die anderen, dichteren Regionen und viel gröberen Apparate stattfinden kann, lässt sich das gesamte Kontakt- und Übertragungssystem wiederherstellen. Stellt es euch vor wie in einer Fabrik. Alles ist angeschlossen und bereit. Es genügt, auf einen einzigen Knopf zu drücken, der mit einer Vielzahl von Rädern und Übertragungssystemen in Verbindung steht, und alle Maschinen beginnen zu funktionieren.

Wenn es gelingt, eine analoge Verbindung im Menschen herzustellen, können die Gedanken sofort ein greifbares Ergebnis in der Materie bewirken. Wenn jedoch die Kommunikation von einer Ebene zur anderen nicht richtig hergestellt wurde, ist es nicht möglich, dass die Gedanken sofort wirksam werden, denn es gibt Löcher und tote Zonen, in welchen der Strom unterbrochen wird.

Die vom Menschen projizierten Gedanken
wirken bereits oben in ihrem Bereich und setzen subtilste Apparate in Bewegung, aber auf der
physischen Ebene können sie nichts bewirken,
solange die Übertragungsleitungen nicht instal-
liert sind. Sobald man die Verbindungen herstellt,
kreisen die Energien und können im materiellen
Bereich Ergebnisse hervorbringen. Dann erst ist
der Gedanke mächtig und magisch, er manifestiert
sich in seiner ganzen Fülle.

Damit es klar wird: Wenn es heißt, dass sich die
Gedanken realisieren, so stimmt das absolut, aber
man muss verstehen wie. Nehmen wir das Beispiel eines Mannes, der zum Dieb wird. Zuallererst begnügt er sich mit seinen Vorstellungen: »Ah,
ich muss nur hineinschleichen, den Arm ausstrecken...« Noch hat er weder große Lust, noch den
Mut, es zu tun, aber er gibt sich ab und zu diesen Gedanken hin und stellt sich die Szene und
die Umstände vor: eine Menschenmenge in der
U-Bahn oder in einem großen Kaufhaus und seine
Hand, die in eine Mantel- oder Handtasche glei-
tet oder in ein Regal. Es bleibt aber noch auf der
Mentalebene, er tut nichts, er ist unfähig dazu. Nun
hat sich aber dieser Gedankengang aufgezeichnet,
löst ein Räderwerk auf der Astralebene aus und
bahnt sich von dort einen Weg bis in die Materie
hinab. Die Materie ist hier für unseren Dieb die
Tat, die Geste, die Umsetzung. Zuallererst sieht
es so aus, als würde nichts geschehen. Was dieser

Mann anzettelt, bleibt unsichtbar, er ist scheinbar ehrlich und rechtschaffen. Aber seine Gedanken sind bereits auf die Ebene der Gefühle hinabgestiegen. Er wünscht sich brennend ihre Verwirklichung, und diese Verwirklichung wird nicht mehr lange auf sich warten lassen. Die Verzweigungen und Verbindungen entstehen bereits, und eines Tages greift seine Hand ganz einfach und natürlich nach einer Brieftasche oder einem anderen Gegenstand. Ihr seht also, wie seine Gedanken, die zuerst sehr weit oben auf der Mentalebene waren, auf die Astralebene, die Ebene des Begehrens herabstiegen und von dort auf die physische Ebene. Wie kann dann einer behaupten, dass sich die Gedanken nicht verwirklichen?

Nehmen wir noch ein Beispiel. Da ist ein Mann, der sanft, friedvoll und idealistisch ist. Wenn man ihm eine Ohrfeige gibt, hält er auch noch die andere Wange hin. Doch eines Tages bei der Lektüre historischer Werke, begegnet er den Ideen gewisser Denker und Politiker der Vergangenheit, welche die Gesellschaft umstürzten und die Masse in die verschiedensten Abenteuer mitriss. Er entwickelt eine leidenschaftliche Begeisterung für sie, nährt sich von ihren Schriften und wird immer mutiger. Schließlich wird er Mitglied einer Partei, beginnt zu handeln und wird fähig, die anderen zu überzeugen und mitzureißen. Bis er dann tatsächlich an der Spitze einer Revolution in seinem Lande steht. Begonnen aber hat alles mit Ideen, Theorien und

Philosophien. Wie kann man also abstreiten, dass die Gedanken von einer großartigen Kraft sind? Sie sind unsichtbar und unfähig, ein Stück Zucker in Bewegung zu setzen, aber in der Lage, Millionen von Menschen aufzuhetzen!

Die Gedanken gehen durch Mauern und Gegenstände, ohne Spuren zu hinterlassen, und damit sie auf die Materie einwirken können, muss man ihnen Brücken bauen, das heißt eine ganze Reihe von Bindegliedern. Schickt sie durch diese Verbindungen hindurch, dann werdet ihr sehen, dass sie in der Lage sind, das ganze Universum zu erschüttern. Dies wollte Archimedes mit jenem Satz zu verstehen geben: »Gebt mir einen Hebelpunkt und ich hebe die Welt aus ihren Angeln!« Mit dem Hebelpunkt meinte er dieses Bindeglied. Das Bindeglied ist immer notwendig, denn die Gedanken sind nur dann wirksam und mächtig, wenn man sie durch Bindeglieder leitet, dadurch gelangen sie dann bis auf die physische Ebene.

Möglicherweise habt ihr herrliche, ja sogar göttliche Ideen, aber kommt ihr damit wirklich auch zu Ergebnissen? Nein? Das beweist, dass ihr noch daran arbeiten müsst, diese Ideen bis auf die physische Ebene herunterzubringen. Ja, darum geht es, man muss sie herunterbringen. Ihr sagt: »Ich habe Ideen.« Bravo, das ist sehr gut, aber mit diesen Ideen verhungert und verdurstet ihr, wenn ihr nicht wisst, wie ihr sie durch Handeln verwirklichen könnt. Es genügt nicht, nur Ideen zu haben.

Viele Leute haben Ideen, aber sie leben so, dass zwischen diesen Ideen und ihrem Handeln keine Verbindung besteht. Es bedarf eines Verbindungsgliedes, einer Brücke, und diese Brücke ist das Gefühl. Durch das Gefühl erhalten die Gedanken Fleisch und Blut und werden fähig, die Materie zu berühren.

Das Gefühl ist also jener Hebel, der fähig ist, auf die Materie einzuwirken. Die Gedanken sind zu entfernt, zu subtil, sie ziehen vorüber, ohne etwas berühren zu können oder es zum Schwingen zu bringen. Sie können nur unsere »Antennen« berühren, unsere feinsten Geräte, die ganz hoch oben, im Bereich des Geistes liegen. Um die Materie zu erreichen, muss der Geist durch die Seele hindurch, das heißt durch den Intellekt und das Herz herabsteigen. Ich kann euch das durch eine Analogie erklären, mit Hilfe eines Phänomens, das ihr alle kennt: die Einwirkung der Sonne auf die Luft, das Wasser und die Erde.

Die Sonne erwärmt die Luft und den Wasserdampf, aus denen die Atmosphäre zusammengesetzt ist. Die warme Luft hat die Tendenz nach oben zu strömen und verursacht somit niedere Druckverhältnisse, während sich die kalte Luft komprimiert und zum Boden sinkt, wodurch sie Hochdruckzonen entstehen lässt. Die Winde zirkulieren von den Hochdruckzonen zu den Tiefdruckzonen. Wenn die Druckunterschiede sehr stark sind, werden die Winde sehr heftig und es

können zerstörerische Wirbelstürme und Orkane
entstehen. Außerdem verdunstet das Wasser der
Meere und Ozeane, der Seen und Flüsse durch den
Erwärmungseffekt der Sonne und steigt nach oben.
Wenn die Luft dann einen bestimmten Sättigungs-
grad erreicht hat, verwandelt sich der Wasserdampf
in Regen oder Schnee, und diese sich ergießenden
Wassermassen und Sturzbäche formen und model-
lieren das Relief der Erde. Diese atmosphärischen
Phänomene ereignen sich täglich auf der gesamten
Erdoberfläche. Ihre Ursache ist die Sonne.

In uns entspricht die Sonne dem Geist, die Luft
dem Denken, das Wasser dem Gefühl, die Erde
dem physischen Körper. Wenn der Geist auf die
Gedanken einwirkt, lösen die Gedanken ihrerseits
die Gefühle aus, und die Gefühle stürzen sich auf
den physischen Körper, um ihn zum Laufen, Gesti-
kulieren und Sprechen zu bringen. Der physische
Körper wird also durch das Gefühl in Bewegung
gebracht, das Gefühl wird durch den Gedanken
erweckt und der Gedanke wird unter dem Einfluss
des Geistes geboren. Diesen Mechanismus haben
wir täglich vor Augen: Unter dem Einfluss der Luft
modelliert das Wasser die Erde, es gibt ihr Formen
und gestaltet sie. Manche Stellen werden durch
Anschwemmungen aufgefüllt, andere wieder lösen
sich auf und werden ins Meer geschwemmt, und
so weiter. Ebenso kann der Mensch mit seinem
Geist, seinem Denken auf den physischen Körper
einwirken, aber unter der Bedingung, dass er Luft

und Wasser als Verbindung dazwischen stellt. Die Luft steht hier für das Nervensystem und das Wasser für das Blut. Das Nervensystem reguliert den Blutkreislauf im Organismus, und das Blut häuft hier etwas an, trägt dort etwas weg und gestaltet auf diese Weise den physischen Körper.

Zu diesem Thema kann man noch viel mehr ins Detail gehen, aber heute zeige ich euch nur einige große Linien auf. Mich interessiert die Grundidee, und aus ihr kann man folgenden Schluss ziehen: Wenn der Mensch fähig wäre, diese natürlichen und normalen Prozesse der Sonneneinwirkung auf die Erde, durch die Vermittler Luft und Wasser, zu interpretieren und auf sein Innenleben anzuwenden, könnte er im Inneren und im Äußeren große Veränderungen bewirken. Denn genau darin besteht die Kraft der Gedanken!

Man muss also zuallererst wissen, dass die Gedanken ihre Macht nicht direkt auf die physische Ebene ausüben können, sondern es bedarf der Vermittler. Glühende Kohlen oder Suppe nimmt man auch nicht mit der Hand, sondern mit einer Zange oder mit einem Schöpflöffel. So ist es mit allem. Und der Arm, was ist der Arm? Nun, er ist genau dieses Verbindungsglied zwischen dem Gedanken und dem Gegenstand. Wenn ich dieses Zuckerstück nehme, wer ist hierbei tätig? Mein Gedanke. Ja, mein Gedanke handelt durch die Vermittlung meines Armes. Stellt euch jetzt vor, meine Gedanken blieben inaktiv. Ich habe den Arm, aber da ist kein Gedanke, kein Wunsch, der ihn in Bewegung setzen würde, um dieses Zuckerstück zu nehmen: Mein Arm wird es also nicht ergreifen. In diesem Sinn kann man von der Macht der Gedanken sprechen.

Es sind immer die Gedanken, welche die Leute in Bewegung bringen oder sie anhalten, die Krieg und Zerstörung heraufbeschwören oder die edelsten Unternehmungen bewirken. Ja, der Gedanke ist wirksam, aber nur wenn er Arme hat, die ihn ausführen. Auch der Mensch ist ein Ausführender, ein Arm. Der Arm des Menschen ist ein Symbol des ganzen Menschen, der einen anderen Arm darstellt. Ja, der Arm ist eine Zusammenfassung des Menschen; der Mensch selbst ist ein Arm für die Gedanken, und möglicherweise sind die Gedanken ebenfalls ein Arm für andere Gedanken aus immer höher entwickelten Regionen, bis hinauf zur Gottheit, die alle Arme, das heißt alle Geschöpfe benutzt.

Darum hat die Einweihungswissenschaft in allen Epochen die Idee formuliert, dass alles das, was wir in der Natur sehen, Tiere, Insekten, Bäume, Berge, Seen, Früchte, Blumen, alles nur kristallisierte Gedanken sind. Ja, von Gott projizierte Gedanken, die sichtbar wurden. Auch ihr seid materialisierte Gedanken. Der Mensch ist ein Gedanke, eine Idee. Um nun zu erfahren, welcher Gedanke, welche Idee einem Geschöpf zugrunde liegt, muss man sich lediglich auf seine Form stützen. Wenn ein Mensch vollkommen ist, dann ist der Gedanke, der ihn geboren hat, auch vollkommen. Jeder Gedanke materialisiert sich. Die Krake, der Wurm, der Skorpion oder der Tiger haben die Farbe, die Form und das Verhalten des Gedankens angenommen, der in sie eingezogen ist, Gedanken der Grausamkeit, der Boshaftigkeit, des Hasses oder der List oder Sinnlichkeit. Also, jeder Gedanke, jede Idee (obgleich der eigentliche Sinn der Worte »Idee« und »Gedanke« nicht derselbe ist), hat eine Form, eine Farbe und eine Dimension. Darum sehen und betrachten alle Eingeweihten die Welt als eine Schöpfung der Gedanken, eine Verdichtung der Gedanken, der göttlichen Gedanken.

Wenn die Menschen göttliche Wünsche und Gedanken haben, realisieren sich diese Wünsche bereits irgendwo im Universum, aber auch in ihnen selbst. Doch auch die Gedanken und Wünsche von bösen, rachsüchtigen und grausamen Menschen realisieren sich in der einen oder anderen Form in der Welt und in ihnen selbst. Das ist natürlich nicht sofort zu sehen, aber eines schönen Tages wird alles sichtbar. Außerdem sollte man auch wissen, dass alle giftigen Pflanzen und alle gefährlichen Tiere von den schlechten Gedanken und Gefühlen der Menschen genährt und unterstützt werden. Ja, das Gift, welches diese Gedanken und Gefühle enthalten, destilliert sich irgendwo und verstärkt die Schädlichkeit solcher Tiere und Pflanzen. Dagegen verstärken die guten Gedanken und Gefühle

aller sichtbaren und unsichtbaren Geschöpfe alles
Schöne, Charmante und Duftende in der Natur.
Ohne unser Wissen wirken wir also an der Gestal-
tung der Schöpfung mit, indem wir das Schöne
oder das Hässliche in ihr verstärken.

Was die Menschen daran hindert, die Auswirkungen ihrer Gedanken und Gefühle zu verstehen,
ist die Tatsache, dass diese Auswirkungen nicht
sofort eintreten. Aber ihr dürft euch nicht von diesen schnellen Auswirkungen leiten lassen. Manche
sagen: »Nachdem wir keine Resultate sehen, können wir das unmöglich glauben.« Die Eingeweihten
aber wissen, dass sich schließlich alles verdichtet.
Sie haben sich die Mühe gemacht, alles was in der
Natur vor sich geht, zu beobachten, aufzunehmen
und zu überprüfen. Genauso wie bei der Kristalli-
sation der Salze. Ihr beobachtet eine Flüssigkeit, in
welcher der Chemiker ein Salz aufgelöst hat und
sagt: »In dieser Flüssigkeit ist nichts enthalten«, weil
ihr nichts sehen könnt. »Warten Sie«, sagt der Chemiker, »wir werden es erhitzen.« Und unter der Einwirkung der Hitze erscheinen Kristalle. Wenn man
einem Salz die entsprechenden Bedingungen gibt,
kristallisiert es aus. In den Köpfen der Menschen
befinden sich ebenfalls viele Dinge. Wenn ihr ihnen
die geeigneten Bedingungen gebt, könnt ihr sehen,
wie sich diese Dinge durch Taten materialisieren.

Die Gedanken können sich noch in anderer
Weise realisieren. Jemand will zum Beispiel mit
Hilfe seiner Gedanken Salz in die Suppe tun. Ich

habe euch bereits gesagt, dass ich es besser finde, die Suppe mit der Hand zu salzen! Aber stellt euch vor, es gibt Leute, die wissen nach welchen Gesetzmäßigkeiten sich die Gedanken materialisieren, so wie es in den spiritistischen Sitzungen praktiziert wird. Sie können also eine fluidische Hand materialisieren und mit dieser Hand, die bereits verdichtet, aber unsichtbar ist, nehmen sie das Salz und geben es in die Suppe. Der Gedanke ist also in der Lage, die Materie zu berühren, aber durch die Vermittlung einer anderen Ebene: man muss ihn mit einer dichteren Materie umhüllen, mit der ätherischen Materie. Diese ätherische Materie berührt dann die physische Materie, denn sie gehören derselben Region an und haben also Gemeinsamkeiten.

Damit der Gedanke auf Gegenstände und Wesen einwirken kann, muss man ihn verdichten. Das ist immer möglich. Wenn der Mensch lange Zeit an bestimmten mentalen Schöpfungen arbeitet und ihnen sogar Teilchen seiner eigenen Materie hinzufügt, bekleidet er diese Gedankenformen schließlich mit physischer Materie. Manche Fakire können das sehr schnell realisieren, denn sie kennen die erforderlichen Techniken, die es ermöglichen, eine Gedankengestalt zu materialisieren, um sie sichtbar und greifbar werden zu lassen. Was man jedoch auf diese Weise erreichen kann, beweist keinen sehr hohen Entwicklungsgrad. Durch Gedankenkraft Pulver auszustreuen,

Früchte oder Blumen zu materialisieren ist sicherlich fantastisch, aber wie sollen derartige Heldentaten dazu dienen, das Reich Gottes auf Erden zu verwirklichen?

Ihr solltet wissen, dass sich die Eingeweihten nicht damit beschäftigen, derartige Phänomene zu erzeugen. Sie sind dazu in der Lage, aber sie kennen viele andere Dinge, durch die ihnen klar wird, dass dies keine besonders ökonomischen Tätigkeiten sind, und dass sie dabei sehr viel Zeit und Energie verlieren würden, für nichts. Es ist so viel einfacher, seine Suppe von Hand zu salzen.

Auf was konzentrieren sich also die Eingeweihten? Auf andere, sehr viel wichtigere Dinge. Sie arbeiten daran, eine segensreiche Wandlung in den Köpfen der Menschen zu bewirken. Denn wenn diese Verwandlung in deren Köpfen einmal geschehen ist, wird der Kopf selbst ein Mittel finden, um mit dem Gefühl zu kommunizieren und das Gefühl mit den Handlungen... und auf diese Weise werden die Menschen schließlich den richtigen Weg einschlagen. Das ist also eine nützlichere Tätigkeit, als sich darauf zu konzentrieren, Gegenstände zu verschieben, hochzuheben oder zu verbiegen, denn indem man sich solchen Beschäftigungen hingibt, tut man nichts, um die Seele, das Herz und den Intellekt der Menschen zu bessern, aufzuklären und Gott näher zu bringen. Manche Yogis oder Zauberkünstler beschäftigen sich mit Phänomenen von sehr geringer Bedeutung, während sich die echten Weisen sagen: »Das ist durchaus möglich, und wir können es tun, aber wir würden dafür sehr viel Zeit und Energie verlieren, und was würden wir damit erreichen? Sehr wenig! Es lohnt sich also nicht. Wir konzentrieren unsere Energie auf Arbeiten in anderen Bereichen, die tausendmal wichtiger sind für die Zukunft der Menschheit.« So denken die Weisen.

Ich bin wirklich erstaunt, wenn ich gewisse Yogis und Fakire sehe, die lange geübt haben, um unglaubliche Fertigkeiten zu erlangen, mit denen sie dann die Schaulustigen verblüffen. Wenn jemand außergewöhnliche psychische Begabungen, Konzentrationsfähigkeit und eine ungewöhnliche Gedankenkraft besitzt, muss er sie in den Dienst der Suche nach dem Reich Gottes stellen und sie nicht für Zirkusvorstellungen benützen.

Auch euch rate ich daher nicht, euch auf derartige magische Übungen einzulassen. Das Wissen, das wir besitzen, dürfen wir nur für eine sinnvolle Arbeit verwenden, die für die Zukunft der Menschheit von allerhöchster Bedeutung ist. Und nachdem ihr jetzt wisst, dass sich die Gedanken früher oder später realisieren, sollte eure Hoffnung und euer Mut wachsen. Die Erwartung an unmittelbare Verwirklichungen müsst ihr jedoch fallen lassen. Wenn ihr mit sofortigen Ergebnissen rechnet, werdet ihr enttäuscht und entmutigt werden und aufgeben, aber das wäre schade.

Was tun wir also in der Universellen Weißen Bruderschaft? Wir bauen Brücken. Ich sagte es euch schon immer, ihr seid Brücken- und Straßenbauer. Ja, ihr baut ganz einfach Brücken zwischen euch und der Sonne, zwischen euren Gedanken und der Materie. Und da dieses Bauwerk empfindlich und kompliziert ist, braucht man viel Zeit dafür. Wenn es aber einmal vollendet sein wird, werdet ihr sehen, wie alles funktioniert! Ihr drückt nur auf einen Knopf und schon beginnen alle Maschinen zu laufen. Aber nur unter der Bedingung, dass alles gut untereinander verbunden ist.

Ihr könnt auch eine Uhr zum Vergleich nehmen: Sie besitzt eine Feder, die das Räderwerk in Bewegung setzt. Es ist ein ganzes System von Rädchen, die sich, vom größten bis zum kleinsten, eine Bewegung weitergeben bis zu denjenigen, die dann die Uhrzeiger berühren und bewegen. Die Feder ist nicht direkt mit den Zeigern verbunden, denn dadurch würde sie ihnen einen zu starken Impuls geben. Zwischen ihnen liegen die Verbindungsglieder, die die Bewegung beherrschen, dosieren und präzise einstellen. So also werden die Uhrzeiger in Bewegung gesetzt. Wieder könnt ihr sehen, dass es zwischen dem impulsgebenden Prinzip und den ausführenden Organen, die eine Anordnung durchführen oder ein Ergebnis anzeigen, eine Reihe von Zwischengliedern gibt. In einer Uhr sind noch viele andere Mechanismen, die ihr im menschlichen Organismus wiederfinden könnt. Wer beobachten kann und die richtigen Schlüsse zieht, wird diese große Wahrheit überall wiederfinden, in der Physik, Chemie, Biologie, Geographie, Geschichte, Soziologie, Psychologie, ja wirklich überall.

Damit sich der physische Körper oder die Erde verwandeln können, müssen zuerst Verbindungen hergestellt werden mit der Welt des Geistes, mit dem Himmel... man kann auch sagen: mit der Welt der Ideen, von der Plato sprach, das heißt mit der Welt des Verstehens, der Welt der Archetypen, die für mich nichts anderes ist als die göttliche Welt. Diese Verbindungswege führen durch die Seele. Der Geist kann die Materie nur durch das Bindeglied, die Seele, erreichen. Ihr entsprechen im menschlichen Organismus das Nervensystem und der Blutkreislauf. Das Nervensystem ist dem Geist näher, während das Kreislaufsystem der Materie näher ist. Das Nervensystem ist vergleichbar mit der Luft, die das Feuer, das heißt den Geist nährt. Das Kreislaufsystem ist vergleichbar mit dem Wasser, es nährt die Erde, das heißt den physischen Körper. Mit diesen beiden Verbindungsgliedern, Luft und Wasser, denen auf der psychischen Ebene das Denken und Fühlen entsprechen, muss man sich beschäftigen.

An der Spitze steht also der Geist, welcher die Gedanken beeinflusst. Die Gedanken sind materieller als der Geist und immer mit dem Gefühl in Verbindung. Wenn ihr zum Beispiel denkt, dass ein

Freund euch wirklich schadet und gefährlich wird, dann verändern sich eure Gefühle für ihn, und ihr hört auf, ihn zu lieben. Und umgekehrt, wenn ihr entdeckt, dass ein Mensch, für den ihr bis dahin nichts Besonderes empfunden habt, segensreich für euch sein kann, dass er euch von der Vorsehung geschickt wurde zu eurem Wohl, dann beginnt ihr, ihn zu lieben. Das Gefühl verändert sich der Natur der Gedanken entsprechend, das konnte man immer wieder feststellen! Und wenn das Gefühl einmal da ist, so drängt es den Menschen zu handeln, denn er will sich immer durch seine Handlungen ausdrücken. Ihr denkt an eine Frau. Wenn ihr kein Gefühl für sie habt, denkt ihr euch nur, dass sie hübsch ist, dass sie schön ist, aber ihr lasst sie in Ruhe. Tauchen aber Gefühle auf, so werdet ihr sofort unternehmungslustig. Das Gefühl wartet nicht, es bringt euren Körper in Bewegung, und ihr lauft los, um ihr Blumen zu kaufen, ihr den Hof zu machen und sie zu küssen. Wenn das Gefühl nicht vorhanden ist, denkt ihr: »Bah! sie sagt mir nichts«, auch wenn ihr sie noch so hübsch und charmant findet. Aber sobald das Gefühl auftaucht, wird die Sache anders; es verwirklicht sich sofort in der Materie, denn es ist mit ihr verbunden und setzt einen ganzen Mechanismus in Gang.

Versucht nicht, die Materie direkt durch eure Gedanken zu berühren, es wird euch nicht gelingen. Die Gedanken dienen hauptsächlich dazu, zu erkennen, zu verstehen und sich zu orientieren, aber sie können nicht auf die Materie einwirken, wenn sich das Herz nicht dazuschaltet. Solange der Wunsch und das Gefühl nicht in euch geweckt sind, tut ihr nichts. Ihr werdet vielleicht aus bestimmten Gründen trotzdem handeln, aber lustlos und ohne Überzeugung. Manche Personen haben überhaupt kein Gefühl, handeln aber trotzdem, wie Automaten. Wenn dagegen das Gefühl vorhanden ist. Ah! Das heißt aber nun nicht, dass man sich deshalb besser verhält. Oft ist es sogar noch schlimmer, weil man gar nicht weiß, warum man handelt. Aber man weiß wenigstens, dass man dazu getrieben wird und läuft geradewegs auf das Ziel zu.

Ich habe viele Details beiseite gelassen und habe mich nur mit dem Wesentlichen befasst, damit es leichter zu verstehen ist. Merkt euch also, dass die Gedanken eine Kraft sind, aber, diese Kraft muss richtig verstanden werden. Solange ihr nicht das Werkzeug, das Zwischenglied, den Hebel oder den Arm bereithaltet, dürft ihr nicht glauben, dass sich eure Gedanken verwirklichen. Sie bleiben auf der Mentalebene und schweben dort oben herum. Sicher, sie werden aufgezeichnet, aber sie bringen in der Materie keinerlei Ergebnisse hervor. Wenn ihr sie dagegen in den Gefühlsbereich herunterbringt, werden sie immer etwas erzeugen.

Beschäftigen wir uns jetzt mit dem Thema Hypnose. Ihr gebt jemandem zum Beispiel ein Stück Papier und sagt: »Hier, das ist eine Rose, rieche, was hat sie für einen Duft?« Und er erzählt euch daraufhin, welch köstlicher Duft von dieser Rose ausgeht. Das bedeutet, dass er in einem Hypnose-zustand ist, in dem sich der Gedanke unmittelbar realisiert, aber nicht auf der physischen Ebene, son-dern auf der Mentalebene. Dieser Mann hat euren Gedanken empfangen. Euer Gedanke, zusammen mit den gesprochenen Worten, hat die Rose auf der Mentalebene bereits geformt; und nachdem sich dieser Mann nicht mehr auf der physischen Ebene befindet, atmet er mit einer feineren Geruchsemp-findung auf der Mentalebene. Er riecht den Duft der Rose wirklich, er irrt sich nicht. Oder ihr reicht jemandem Wasser und sagt: »Das ist Cognac, du wirst dich betrinken.« Er trinkt es und ist darauf-hin wirklich betrunken. Was ist geschehen? Auch er befindet sich in einer anderen Region, wo dieses Wasser kein Wasser mehr ist, sondern Alkohol. Das beweist, dass die Kraft der Gedanken absolut und unmittelbar ist, aber wo? Auf der mentalen Ebene.

Mit diesem Wissen könnt ihr augenblicklich alles formen, alles verwirklichen, aber nicht auf der physischen Ebene, sondern oben, im Bereich des Mentalen. Ihr wünscht euch Schlösser, Parks, Gärten, Autos, tanzende Frauen, singende Vögel...? Sie können sofort da sein. Wenn ihr etwas hellsich-tiger wärt, könntet ihr sie bereits sehen, denn sie sind eine Realität. Ihr werdet sagen: »Aber da ist ja nichts, ich kann sie nicht berühren.« Ah, um sie zu berühren, mein Lieber, wirst du vielleicht Jahrhun-derte brauchen! So ist das zu verstehen.

Ihr könnt alle möglichen Erfahrungen machen. Es geht zum Beispiel ein sehr unangenehmer Wind. Sprecht einige Worte, um ihn zu besänftigen und sagt: »Was bist du freundlich und sanft! Du bist nicht böse, im Gegenteil, du erfreust mich.« Und einige Minuten später. Oh! Natürlich hat sich nicht der Wind verändert, sondern ihr. Etwas in euch ist verändert, und der Wind erscheint euch jetzt wie ein Streicheln. Aber man muss wissen, welche Worte man ausspricht und vergisst dabei jedoch, dass man sie äußert, um sich etwas zu suggerieren. Ihr sagt: »Aber wenn man sich etwas suggeriert, dann sind das Lügen und Illusionen.« Oh nein! Das sind Schöpfungen. Suggestionen sind subtile Schöpfungen. Man hat mit seinen Antennen etwas empfangen, was die Antennen dann weiterleiten bis zur Haut, den Papillen, das heißt, zu den Sinneszellen. Auf diese Weise können viele, selbst normale Menschen, durch Suggestion beeinflusst werden. Wie oft schon wurde den Menschen, ja ganzen Massen, etwas suggeriert, das ist unglaublich! Ein Mensch, dem eine starke Gedankenkraft und ein sehr fähiges Gehirn gegeben worden sind, sagt bestimmte Dinge, und alle beginnen diese Dinge zu fühlen. Wie viele solcher Fälle gab es bereits in der Geschichte!

Zieht nun eine Konsequenz. Arbeitet mit den Gedanken, aber bildet euch nicht ein, dass sie sich sofort auf der physischen Ebene realisieren. Ihr werdet sagen: »Doch, manchmal genügt es schon, ein paar Worte zu sprechen, um sich sogleich in einem anderen Zustand zu fühlen.« Ja, aber wie ich euch gerade erklärte, ereignet sich dies nicht auf der Ebene der Materie und der kristallisierten Formen, sondern im Astral- und Mentalbereich. Dort habt ihr etwas aufgefangen. Die Veränderung kann also unmittelbar stattfinden, aber oben, auf den feinen Ebenen. Wenn ihr dort oben seid, verwirklicht sich euer Gedanke sofort.

In der physischen Welt kann sich der Gedanke übrigens auch augenblicklich realisieren. Manche Magier oder Zauberer sind in der Lage, Unwetter auszulösen oder zu besänftigen, Krankheiten hervorzurufen oder sie zu heilen. Ja, weil sie an den Verbindungsgliedern gearbeitet haben, an den »Straßen und Brücken.« Euch aber rate ich auf keinen Fall dazu, dass ihr anfangt, die Kraft eurer Gedanken an der Materie auszuprobieren. Arbeitet mit der Macht der Gedanken, aber oben, und erbittet die besten Dinge für eure eigene Entwicklung und die Entwicklung der ganzen Welt. Dabei werdet ihr immer Ergebnisse erzielen. Und dann wappnet euch mit Geduld und wartet.

Mein Glaube, mein Vertrauen sind nicht auf dem Nichts aufgebaut oder auf Illusionen begründet, sondern auf einer Wissenschaft. Alles was ich glaube, was ich hoffe und tue, basiert auf einem Wissen. Auf dieses Wissen könnt ihr euch ruhig einlassen. Wenn ihr nichts erreicht, dürft ihr nicht sagen, dass alles, was ihr gelernt habt, Schwindel sei, sondern ihr müsst erneut eure Installationen überprüfen, um zu sehen, ob nicht irgendwo ein Teil fehlt. Es ist unmöglich, euer Auto in Gang zu bringen, wenn bestimmte kleine Teile fehlen. Es ist auch unmöglich, die Uhrzeit zu abzulesen, wenn in eurer Uhr Staub ist. Ihr müsst sie säubern lassen. Wenn also in euch etwas nicht funktioniert, ist nicht die Wissenschaft daran schuld, sondern möglicherweise ist euer Wissen nicht vollständig.

Wenn ihr das einmal verstanden habt, habt ihr alle Möglichkeiten, schöpferisch zu sein, denn die Schöpfungen des Geistes sind die wahren Schöpfungen. Ihr könnt sie nicht sehen? Das ist nicht wichtig; haltet euch nicht damit auf, ob ihr sie sehen könnt oder nicht. Ihr müsst wissen, dass sie Realitäten sind, weiter nichts. Indem ihr an ihre Wirklichkeit glaubt, helft ihr diesen Schöpfungen, sich viel schneller in der Materie zu inkarnieren. Ja, wenn ihr diese Wahrheiten gut kennt, könnt ihr die Arbeit aller lichtvollen Geister in der Welt erleichtern. Und an dieser Arbeit eines Tages mit ganzer Seele und vollem Bewusstsein teilzunehmen, dafür seid ihr alle prädestiniert. Wenn eure Arbeit bis jetzt unwirksam geblieben ist, so bedeutet dies, dass ihr nicht ausreichend vorbereitet wart, die Bindeglieder waren noch nicht fertig, weil ihr noch nicht genug an ihnen gearbeitet hattet, ihr wusstet nicht einmal, dass es sie gibt. Wie soll man also an etwas arbeiten, was man nicht kennt? Nachdem euch aber jetzt ihre Existenz und ihre Bedeutung bekannt ist, werdet ihr in vollem Glauben an diese Bindeglieder arbeiten können und anschließend mit wunderbaren Schöpfungen beginnen.

Einige unter euch fangen bereits damit an, diese Schöpfungen zu verwirklichen, die jedoch noch keine klaren Konturen haben, schwächlich und instabil sind, weil ihr weder besonders überzeugt, noch besonders bewusst seid und eure Gedanken immer noch hierhin und dorthin wandern. An manchen Tagen seid ihr bewusster, in größerer Übereinstimmung mit eurem göttlichen Ideal und entschiedener, euch mit ihm zu harmonisieren. Aber an anderen Tagen sagt ihr: »Also gut, heute lasse ich es nochmals so laufen, aber morgen...! Heute mache ich noch ein kleines Zugeständnis, aber morgen werde ich mich wieder in den Griff bekommen.« Nun gut, wie ihr wollt, aber wundert euch nicht darüber, wenn eure Gedanken unwirksam bleiben.

»Nun«, werdet ihr fragen, »wie kann man mit der Welt des Geistes in Verbindung treten?« Ich sprach vorhin von Antennen, die Wellen und Schwingungen empfangen. Der Mensch besitzt solche Antennen, es sind spirituelle Antennen. Während aber die materiellen Radio- oder Fernsehantennen unbeweglich bleiben, sind die spirituellen Antennen beweglich, sehr beweglich, denn sie sind lebendig. Diese Antennen sind mit einer Folge von Stimmgabeln vergleichbar, die ihrer Länge entsprechend mit bestimmten Wellenlängen schwingen, zu denen sie in Resonanz, in Affinität stehen. Ihr könnt ein Experiment machen. Dazu stellt ihr auf eine Halterung mehrere Stimmgabeln von unterschiedlicher Länge und spielt dann auf dem Klavier verschiedene Noten: c... e... a... Bei jeder Note werdet ihr eine Stimmgabel hören, die antwortet. Es ist diejenige, die sich in vollkommenem Einklang mit der ihr zuströmenden Schwingung befindet. Genauso ist es mit dem Menschen. Wenn er die Schwingungen des Himmels empfangen will, muss er seine Antennen verkürzen; je mehr er sie verlängert, umso mehr erhält er die Schwingungen von unten, bis hin zur höllischen Welt. Es hängt also vom Menschen ab, Kontakt aufzunehmen und in dieser oder jener Wellenlänge zu schwingen, entsprechend der Länge seiner Antennen. Ich sage »verlängern« oder »verkürzen«, aber das ist nur eine Art es auszudrücken. Man kann auch andere Worte verwenden, die besagen, dass der Mensch materieller oder spiritueller wird. Je materieller er wird, umso mehr empfängt er die Mitteilungen aus den niederen Regionen; je mehr er sich verfeinert und vergeistigt, um so intensiver wird sein Leben und umso mehr empfängt er die himmlischen Schwingungen. Das hängt ganz von ihm ab, denn er besitzt innerlich alle Möglichkeiten.

Hier liegt nun ein weites Feld für all jene, die wahre Schöpfer werden möchten. Merkt euch also, dass der Gedanke allmächtig ist, aber in seinem Bereich, das heißt auf der Mentalebene. Denn da er

aus einer extrem feinen Materie gemacht ist, kann
er im ersten Moment nur auf eine ebenso feine
Materie wie seine eigene einwirken, um sie zu
formen. Wenn ihr einen Palast, einen Berg, einen
Fluss, ein Kind oder eine Blume haben wollt, so
realisiert und materialisiert sich dieser Gedanke
sofort, aber in seinem eigenen Bereich. Damit
er konkret werden kann, muss er herabsteigen.
Und nachdem die Gedanken immer die Tendenz
haben, sich tatsächlich zu materialisieren, begeben sie sich auf die Astralebene hinunter, ziehen
sich etwas dichtere Kleider an und arbeiten dort.
Einige Zeit später steigen sie herab auf die ätherische Ebene und verdichten sich noch mehr, bis zu
dem Tag, an dem sie sich dann auf der physischen
Ebene verwirklichen.

Dieser Vorgang aus unserem psychischen
Leben ist auf ideale Weise durch die Sonne ausgedrückt, die ihrerseits auch nur durch die Bindeglieder von Luft und Wasser auf die Erde einwirken kann, um sie zu formen. Wenn ihr diesen
Vorgang begreift, werdet ihr fähig, wunderbare
Schöpfungen zu vollbringen. Die gesamte Wissenschaft der weißen Magie und der Theurgie ist hier,
in diesem Bild von den vier Elementen enthalten:
Sonne, Luft, Wasser und Erde.

Kapitel 6

Nach dem Gleichgewicht von materiellen und spirituellen Mitteln suchen

Der Mensch hat auf der physischen Ebene enorm viele Möglichkeiten, aber seine Möglichkeiten auf der psychischen Ebene sind noch viel größer. Da er sich jedoch darin noch nie geübt hat, weiß er die Möglichkeiten seiner Gedankenkraft nicht zu nutzen. Wie viele Leute sieht man, die sich verrückt machen oder zu jammern beginnen, sobald sie mit einer unvorhergesehenen Schwierigkeit konfrontiert werden! Sie fragen sich niemals, ob es in ihren Gedanken oder in ihrem Geist nicht Elemente gibt, die in der Lage wären, in dieser Situation hilfreich zu wirken. Nein, nein, sie beginnen zu rennen, sich die Haare zu raufen, zu weinen, nach Medikamenten zu greifen... oder sie greifen zu Waffen. Und aus diesem Grund wird alles immer schlimmer.

Das Erste, was vor jeglicher Schwierigkeit zu tun ist, ist sich zu konzentrieren, zu sammeln, mit der unsichtbaren Welt Verbindung aufzunehmen, um Licht zu erhalten und herauszufinden, wie man sich verhalten soll. Nur unter dieser Bedingung kann man klar, organisiert und wirksam handeln. Sicher, man kann auch materielle Mittel anwenden, aber nicht zu Beginn. Beginnen muss man mit den psychischen Mitteln. Wie wollt ihr eine Situation verbessern, wenn ihr aufgeregt und orientierungslos seid? In solch einem Augenblick sind alle Bedingungen vorhanden, um die Dinge vollkommen zu verwirren oder zu zerstören. Es passiert oft, dass eiligst und blindlings gehandelt wird; und selbst wenn ein Feuer ausgebrochen ist, gerät man derartig durcheinander, dass man sich hineinstürzt, anstatt sich vom Feuer zu entfernen!

Ohne das Licht könnt ihr keine Lösung finden. Seht, ihr werdet zum Beispiel nachts durch ein Geräusch geweckt, es ist etwas heruntergefallen und zerbrochen oder jemand ist hereingekommen. Stürzt ihr euch nun einfach so in die Dunkelheit? Nein, ihr wisst, dass das zu riskant ist. Als Erstes macht ihr eine Lampe an, um etwas zu sehen, und dann erst handelt ihr. In jeder Lebenssituation müsst ihr also zuerst das Licht anzünden, um einen Überblick zu erhalten, das heißt ihr müsst euch konzentrieren, euch sammeln, um zu wissen, wie ihr handeln sollt. Wenn ihr dieses Licht nicht habt, irrt ihr herum, klopft an verschiedene Türen und versucht alles Mögliche, was sich schließlich doch als unwirksam erweist. Und warum? Weil das Licht fehlt. Das Licht ist das Wichtigste.[1] Dank ihm erspart man sich einen großen Aufwand an Zeit und Geld und vermeidet viel Schaden.

Jene Menschen, die dem inneren Leben, dem Denken, der Willenskraft und dem Geist das Übergewicht gaben, übertreffen alle anderen an Selbstbeherrschung, Kraft, Ruhe und innerer Fülle. Das sind erwiesene Tatsachen, aber sie wurden vom wissenschaftlichen Standpunkt aus noch nie untersucht. Diese Frage überlässt man den Psychologen und Mystikern. Die offizielle Wissenschaft hätte sich längst dieser Frage annehmen müssen, denn alles was im Menschen geschieht, ist zu wesentlich, um es vernachlässigen zu dürfen. Man hätte untersuchen müssen, mit welchen Mitteln es den Weisen und Eingeweihten gelang, aus allen Prüfungen siegreich hervorzugehen, welcher Dinge sie sich bedienten und wo sie diese Elemente fanden. Aber nein, nichts dergleichen tut man. Das ist eine riesige Lücke. Eines Tages wird man der Wissenschaft vorwerfen, diese Frage außer Acht gelassen zu haben.

Die Menschen besitzen in sich selbst extrem wirksame Mittel: die Gedanken, die Vorstellungskraft[2], die Willenskraft[3]. Nachdem sie aber die Gewohnheit haben, vorzugsweise auf äußere Mittel zurückzugreifen, können sich ihre psychischen Fähigkeiten natürlich nicht entwickeln. Sie haben keinen Glauben oder keine Geduld und suchen immer nach etwas Äußerlichem, Materiellem, Greifbarem. »Die Gedanken, die Gedanken, ich habe es doch versucht mit den Gedanken, doch es war ergebnislos.« Und warum? Stellt euch vor, ihr habt eine physische oder psychische Schwäche. Um diese auszubilden, habt ihr vielleicht Jahrhunderte gebraucht, wie könnt ihr da glauben, dass ihr euch ihrer nun in zwei Minuten entledigen könnt? Vielleicht wird es wiederum Jahrhunderte dauern! Es gibt eine Gerechtigkeit im Universum.

In Wirklichkeit ist es gut, beides, die inneren und die äußeren Möglichkeiten, zu verbinden, um die Dinge zu beschleunigen. Zuerst aber muss man mit der Seele, dem Geist und der Gedankenkraft arbeiten und anschließend einige physische Elemente hinzufügen, um den Prozess zu erleichtern. Im Moment geschieht genau das Gegenteil. Die Wissenschaft macht Entdeckungen, Technik und Industrie wenden sie an. Das kommt der Wirtschaft des Landes zugute, und im Interesse der Wirtschaft vergiftet und schwächt man die Menschheit. Damit die Wissenschaft wächst, geht die Menschheit ihrem Untergang entgegen!

Ihr findet, dass ich übertreibe? Nein, nicht besonders. Man arbeitet für den Fortschritt der Wissenschaft, aber nicht für den Fortschritt der Menschen. Um das Feuer in eurem Ofen aufrechtzuerhalten, müsst ihr ihm Brennstoff geben.

Nun, der Brennstoff der Wissenschaft sind in diesem Fall die Menschen. Hopp, in den Ofen! Und der Ofen kann dank dieser Opfer weiter funktionieren. In fünfzig Jahren wird es keinen gesunden Menschen mehr geben; und wenn ich sage in fünfzig Jahren, dann bin ich großzügig. Man sagt euch: »Nehmen Sie dies, nehmen Sie das«, und ihr vergiftet euch. Ich sage euch, nehmt gar nichts, aber esst richtig, atmet richtig, arbeitet richtig, schlaft richtig und vor allem denkt richtig! Doch ich weiß, auch wenn ich jahrhundertelang über dieses Thema spreche, werden mir nur ganz wenige folgen. Die meisten werden sagen: »Was, die innere Welt zu Hilfe nehmen, die Gedanken? Das ist doch Unsinn! Nein, nein, ich weiß, was ich weiß!« Und sie werden weiterhin alles außerhalb suchen.

Ja, man kann sagen, dass die Menschen aufgrund all der Geräte, welche die Wissenschaft ihnen zur Verfügung gestellt hat, im Begriff sind, ihre Fähigkeiten mehr und mehr zu verlieren, denn sie machen keine Anstrengungen mehr und keinerlei innere Arbeit. Auf diese Weise werden sie niemals etwas gewinnen. Solange die Kräfte des Geistes im Inneren schlafen und gelähmt bleiben, werden die Menschen von den äußeren Mitteln in Wirklichkeit nur geschwächt. Es gibt scheinbar einen Fortschritt in der Lebensweise, aber in Wirklichkeit vollzieht sich eine Schwächung der Willenskraft und der Vitalität. Übrigens beginnen

jetzt endlich einige Denker und Wissenschaftler
daran zu zweifeln, dass der technische Fortschritt
wirklich dem Wohle der Menschheit dient.

Soll man nun den Fortschritt aufhalten? Nein,
die Natur selbst drängt den Menschen zum Forschen. Man darf niemals aufhören zu forschen,
man darf niemals aufhören, die Mysterien der
Natur ergründen zu wollen. Aber diese Forschun-
gen müssen anders ausgerichtet sein, man muss
ihnen eine andere Richtung geben, eine Richtung nach oben, das heißt zum Geist, zum inneren
Leben.

In Wirklichkeit haben die Leute den wahren
Grund des technischen Fortschritts noch nie verstanden. Sollen all diese Gegenstände, diese Apparate, Maschinen und Fortbewegungsmittel nur
dazu dienen, dass die Menschen nichts mehr tun
müssen – nicht einmal mehr gehen – nachdem es
doch Gegenstände gibt, die alles für sie erledigen? Nein, diese Verbesserungen sind gekommen,
um ihnen zu ermöglichen, sich von den materiellen, prosaischen Aufgaben, von denen sie erdrückt werden, zu befreien und sich endlich spirituellen, göttlichen Aufgaben zu widmen. Hierin liegt
die wahre Bedeutung des technischen Fortschritts:
den Menschen zu befreien, aber im Hinblick auf
andere Arbeiten. Sonst wäre das sehr schlecht für
den Menschen, wenn er nichts anderes mehr zu tun
hätte, als sich irgendwo in den Sand oder ins Gras zu
legen, zu stagnieren und zu verschimmeln, während

die Maschinen arbeiten. Es heißt jetzt zu begreifen, dass die kosmische Intelligenz diesen ganzen materiellen Fortschritt erlaubt, damit der Mensch endlich von den groben materiellen Aufgaben befreit wird und sich göttlichen Aktivitäten widmen kann.

Ich will euch nun dazu bringen, eure innere Welt zu erforschen. Wenn ihr Schwierigkeiten, Mühen und Kummer habt, so sagt euch: »Das will ich beheben, ich werde das Lächeln, die Freude, die Heiterkeit wiederfinden«, und ihr werdet sie wiederfinden. Aber die Voraussetzung dafür ist die Erkenntnis, dass ihr dazu die Möglichkeit habt. Es gibt Augenblicke im Leben, in denen ihr euch glücklich und erfüllt fühlt, nichts fehlt euch und im nächsten Augenblick habt ihr plötzlich den Eindruck, arm und mittellos zu sein. Ihr werdet sagen: »Ja, weil das Erste eine Illusion war.« Oh nein, es war eine Realität, aber von anderer Natur, eine Realität, die ihr nicht zu schätzen wusstet. Vielleicht lebt ihr jetzt in einer Illusion und täuscht euch, wenn ihr denkt, dass euch alles fehlt. Ihr seid blind und seht nicht, was alles um euch und in euch ist. Es kommt darauf an herauszufinden, was euch fehlt und ihr werdet sehen, dass es in Wirklichkeit da ist, greifbar nahe.

Ich gebe euch folgendes Beispiel: Jemand wohnt in einer kleinen Mansarde und beklagt sich, dass er arm, verlassen und niedergedrückt ist. Ich sage ihm: »Wissen Sie, wer Ihr Vater und Ihre

Mutter waren und was sie Ihnen vererbt haben? Warum bleiben Sie hier und schließen sich ein? Sehen Sie diese Felder, Seen, Wälder und Häuser, sie gehören Ihnen, gehen Sie hin!« Da beginnt er, sie zu erforschen und was entdeckt er alles! Dass er herrliche Dinge besitzt. Er wusste nicht, dass er Erbe war und ihm dies alles gehörte! Genauso ist es, wenn ihr beginnt, die Möglichkeiten, die ihr besitzt, zu erforschen. Diese Möglichkeiten gehen ins Unendliche, aber ihr wisst es nicht, das ist das Problem. Gewiss, ich spreche nicht von der äußeren Welt. Die äußere Welt gehört euch natürlich nicht, aber innerlich gehört euch alles. Ja, innerlich gehört euch das Universum, nichts fehlt euch, alles gehört euch, seht es nur an, durchwandert und besucht es, denn ihr seid alle Erben des Himmlischen Vaters und der Mutter Natur. Wie könnt ihr da denken, dass ihr arm und mittellos seid?

Damit will ich aber nicht sagen, dass ihr die materielle Seite vollkommen vernachlässigen sollt. Ich predige euch nicht, dass ihr alles verlassen sollt, um nur noch zu meditieren und zu beten, wie es Yogis oder manche christliche Asketen taten, die diesen Weg gingen. Unser Ziel ist ein anderes, unsere Aufgabe ist eine andere. Sie besteht nicht darin, einige Personen zu gewinnen, um sie auf einen rein spirituellen und mystischen Weg zu ziehen. Unsere Aufgabe ist es, die ganze Welt mitzuziehen, und man kann nicht die ganze Welt auf einen Weg mitziehen, der nur für ein paar wenige bestimmt war. Da unser Ziel anders ist, sind es auch unsere Methoden. Dass einige Asketen und Einsiedler alles verlassen haben, um sich in die Wälder und Wüsten zurückzuziehen, ist gut, aber macht nun das Gleiche mit ganzen Ländern, jeder unter einem Baum oder in einer Höhle, um zu beten und zu meditieren, das ist unsinnig. Wer würde dann arbeiten? Wer würde sich um die Nahrung kümmern, um wenigstens für ein Minimum zu sorgen? Alle müssten damit rechnen, zu verhungern oder zu erfrieren! Ich will ein philosophisches System weitergeben, das alle anwenden können: Alle sollen arbeiten, Geld verdienen, heiraten und eine Familie gründen können, doch gleichzeitig sollen sie ein Licht, eine Lehre und Methoden haben.[4]

Es geht darum, gleichzeitig sowohl die spirituelle als auch die materielle Seite zu vervollkommnen, denn was bis jetzt im Allgemeinen gemacht wurde, war nicht ideal. Einige wenige gingen in die Einsamkeit und meditierten, um Schluss zu machen mit der Welt, ihren Verführungen und Schwierigkeiten, während alle anderen bis zum Hals in Geschäft und Handel steckten. Man muss gleichzeitig in der Welt stehen und ein himmlisches Leben führen. Bei mir sind diese beiden Seiten harmonisch vereint und das müssen sie bei euch auch werden, denn ihr steht noch dort, wo ihr eure geschäftlichen Dinge gefährdet, wenn ihr euch zu einem spirituellen Leben aufschwingt; und wenn ihr eure Geschäfte in Ordnung bringt, gefährdet ihr das spirituelle Leben. Nein, es muss beides sein, und das könnt ihr auch erreichen.

Mit allen Erläuterungen, die ich euch gebe, fühlt ihr bereits, wie euer Leben endlich einen Sinn bekommt, es erhält eine Richtung und wird festgelegt. Ihr wisst, wohin ihr gehen werdet. Es wird also immer mehr Licht in euch erscheinen und gleichzeitig Freude und Glücksgefühl, denn sie gehören zusammen. Solange ihr euch arm und mittellos fühlt, seid ihr unglücklich. Wenn ihr aber plötzlich in eurem Haus verborgene Schätze findet, würde euch das kalt und gleichgültig lassen? Nein. Nun, genauso wird es auch sein, wenn ihr eure inneren Reichtümer, Fähigkeiten und Kräfte entdeckt. Plötzlich ist das Lächeln da.

Anmerkungen

1. Siehe Band 212 der Reihe Izvor »Das Licht, lebendiger Geist«, Kapitel 4: »Das Licht macht es möglich, zu sehen und gesehen zu werden«.

2. Siehe Band 223 der Reihe Izvor »Geistiges und künstlerisches Schaffen«, Kapitel 3: »Die Aufgabe der Fantasie«.

3. Siehe Band 222 der Reihe Izvor »Die Psyche des Menschen«, Kapitel 5: »Die Schulung des Willens«.

4. Siehe Leseprobe Nr. 2 »Der spirituelle Mensch in der Gesellschaft«.

Kapitel 7

Die Kraft des Geistes

Die meisten Menschen haben das Bedürfnis zu befehlen, zu herrschen und streben deshalb nach Macht und Stärke. Ja, aber wo suchen sie diese? In Maschinen, Apparaten und Waffen, in allem was außerhalb von ihnen ist. Sicher, scheinbar erreichen sie ihr Ziel. Sie können etwas erzwingen, verletzen und zerstören, aber dies ist nicht die wahre Kraft. Fühlt ihr euch stark, weil ihr Geld, Maschinen, Flugzeuge, Raketen, Gewehre oder Atombomben besitzt? Nein, denn diese Besitztümer sind außerhalb von euch selbst: Wenn man sie euch wegnimmt, wo ist dann eure Stärke? Wenn ihr euch aufgrund eurer Besitztümer stark fühlt, ist eure Kraft nur eine Illusion. In Wirklichkeit seid ihr nicht fähig, aus eigener Kraft eine schwere Last zu tragen, einen Stein weiter zu werfen oder euch gewisser Schwierigkeiten oder Leiden zu entledigen. Die Kraft ist also nicht eure eigene. Ihr verfügt über äußere Mittel, ja, aber was macht ihr, wenn ihr sie verliert?

Die Eingeweihten haben längst verstanden, dass es besser ist zu arbeiten, um wahre Kräfte in sich selbst zu erlangen, anstatt ein Leben lang nach Mitteln zu streben, die ihnen doch nie wirklich gehören werden. Genau darin üben sie sich, daran arbeiten sie. Sie wissen, dass die echte Kraft im Inneren ist, in jenem inneren Wesen, das denkt, fühlt und handelt. Aus diesem Grund haben sie Regeln aufgestellt und Methoden gegeben, um die komplette, vollkommene, absolute Manifestation jenes Wesens zu ermöglichen, das über alles verfügt: Und dieses Wesen ist der Geist. Im Geist muss der Mensch die Kraft suchen. Die wahre Kraft liegt im Geist, in der Willenskraft und Intelligenz des Geistes.

Nehmen wir ein Beispiel. Alle bewundern ein Elektronenmikroskop, das einen Gegenstand mehr als hunderttausendmal vergrößern kann. Aber sie vergessen das Wesentliche. Sie vergessen, dass sie ohne ihre Augen überhaupt nichts sehen könnten und alle Mikroskope der Welt ohne Augen nichts nützen. Warum bewundert man immer nur die äußeren Instrumente, obwohl aller Verdienst und alle Anerkennung dem Sehenden gebührt? Und wer ist der, der sieht? Der Geist, er sieht durch unsere Augen. Also sind selbst unsere Augen noch nicht das Wesentliche. Das Wesentliche ist jenes Wesen: der Geist. Aber man beachtet ihn nicht, er wird ständig vernachlässigt.

Dieser falsche Standpunkt ist eine Folge der materialistischen Philosophie, welche die Menschen in die Irre geführt hat. Sie hat sie sich selbst entfremdet und weit weggeführt, wo sie sich in den Nebeln der Materie verlieren, und jetzt können sie die grundlegenden Wahrheiten, die ihnen ermöglichen würden ihre Probleme zu lösen, nicht mehr finden.

Ihr müsst begreifen: Alles was außerhalb von uns selbst ist, gehört uns nicht. Es wird uns nur für kurze Zeit geliehen, darum kann die wahre Kraft darin nicht gefunden werden. Die wahre Kraft befindet sich im Schöpfer aller Dinge, das heißt, in dem sich manifestierenden Geist. Ein Beweis dafür ist der vom Geist verlassene Körper. Obwohl er noch alle Organe besitzt, funktioniert nichts mehr. Der Magen verdaut nicht mehr, das Herz schlägt nicht mehr, die Lunge atmet nicht mehr und das Gehirn denkt nicht mehr. Wenn ihr diesen Menschen wiegt, stellt ihr fest, dass er dasselbe Gewicht hat wie zuvor, nichts hat sich geändert; aber er ist tot, weil jenes lebendige Wesen, das dachte und fühlte, gegangen ist. Also war es das Wesentliche.

Das Wesentliche ist das Leben, der Geist. Warum also sollte man nach etwas suchen, das gar nicht wesentlich ist? Man kann sagen, dass der einzig wirkliche Unterschied zwischen einem Eingeweihten und einem gewöhnlichen Menschen darin besteht, dass sich der Eingeweihte mit dem Wesentlichen beschäftigt. Der Eingeweihte sucht den Geist, er tut alles, um ihm die besten Bedingungen zu geben, damit er sich entfalten kann, damit er alles hervorbringen kann, was er enthält, alle in ihm angehäuften Reichtümer.

Betrachtet eine Zelle: Sie besteht aus der Zellmembran, dem Plasma und dem Zellkern. Ebenso besteht unser Wesen aus dem Körper, der Seele und dem Geist. Darum betrachtet man in der Einweihungswissenschaft den Körper als »die Haut« der Seele, die Seele als Plasma, in dem die Kraft, die Energien, das Leben strömen, und schließlich den Geist als Kern, als den Ort, an welchem sich die Intelligenz befindet, die erschafft, ordnet und organisiert. Der Kern kann mit Hilfe des Plasmas Neues erschaffen, denn es dient ihm als Materie. Die Kraft befindet sich im Kern. Auf gleiche Weise will sich der Geist auch in uns manifestieren und durch seinen Schöpfungsimpuls neue Formen erschaffen, die Materie gestalten. Seinen jetzigen Entwicklungsgrad verdankt der Mensch den Anstrengungen, die der Geist unternommen hat, um sich durch die Materie zu manifestieren.

Wenn ihr euch inspiriert fühlt, wenn ihr eine Kraft spürt, die euch dazu drängt, edel zu handeln, den anderen zu helfen und euch mit der Universalseele zu verschmelzen, dann manifestiert sich der Geist. Wenn ihr dagegen eine Leere empfindet, Entmutigung und Zweifel, wenn ihr geneigt seid, alles zu verlassen, dann bedeutet dies, dass die Materie ein Übergewicht hat und sich den Anstrengungen des Geistes widersetzt. Was könnt ihr in solch einem Moment tun? Den Intellekt zu Hilfe rufen.

Der menschliche Intellekt befindet sich zwischen Geist und Materie. Oder noch genauer gesagt, zwischen dem Geist und dem Herzen, deshalb kann er als Vermittler eingreifen. Wenn er sieht, dass die Materie zu dominieren beginnt und die göttlichen Impulse des Geistes blockiert, kann der Intellekt in Aktion treten, um den Geist zu unterstützen und ihm die Türen zu öffnen. Der Geist drängt immer im Inneren, aber der Mensch ist unbewusst, er weiß nicht, dass er die Arbeit des Geistes erleichtern oder aber sich ihr entgegenstellen kann, indem er der Materie größere Möglichkeiten einräumt. Deshalb haben die Eingeweihten Schulen gegründet, sie wollen die Menschen dazu bringen, an sich selbst zu arbeiten, sich zu beherrschen, sich zu reinigen, um auf diese Weise die Manifestation des Geistes zu ermöglichen. Wenn der Mensch keine Möglichkeit hätte, mit seinem Intellekt oder seiner Willenskraft zu wirken, hätten die Eingeweihten nichts unternommen, um ihm seine Rolle im Universum bewusst zu machen, und so würde sich alles ohne die Beteiligung des Menschen abspielen. Aber der Mensch hat eben eine Rolle zu spielen in der Entwicklung der Schöpfung, und Gott bezieht seine Existenz mit ein. Der Mensch wurde von Gott erschaffen, damit er zur Verwirklichung des kosmischen Werkes beiträgt.

Gott hat der Materie die Trägheit gegeben und dem Geist den Impuls, und der Mensch steht zwischen beiden. Er ist äußerlich in sehr viel Materie eingehüllt, aber innerlich ist er in die Unendlichkeit des Geistes getaucht. Er empfängt also diesen doppelten Einfluss: Einmal manifestiert sich in ihm der Geist und einmal die Materie, die ihn gefangen nehmen und zum ursprünglichen Chaos zurückbringen will. Der Mensch ist immer gezwungen zu kämpfen, und wenn er nicht wach und aktiv ist, gibt er sich der Trägheit preis. Dies geschieht mit manchen Menschen, bei denen die Materie dominiert, weil sie überhaupt keine intellektuelle, spirituelle und göttliche Arbeit leisten. Sie werden zu Sümpfen, in denen es von Kaulquappen, Fröschen und Mücken wimmelt, zu übel riechenden Abwässern.

Der aufgeklärte Schüler, der geführt wird, öffnet dem Geist alle Türen, er widersetzt sich ihm nicht. Und der Geist, der von dem Moment an der König ist, beginnt zu arbeiten, um alles in ihm zu harmonisieren, zu verschönern, zu erleuchten, zu beleben und auferstehen zu lassen. Diese Verwandlungen können sehr schnell geschehen, doch nur unter der Bedingung, dass man den Geist an erste Stelle setzt. Die Materie kennt nichts anderes als zu verschlingen, aufzusaugen und abzutöten, während der Geist ordnen, beleben und wiedererwecken kann; er vermag sogar nichts anderes zu tun als das, deshalb muss man ihm den Vorrang geben. Wie viele Leute waren am Ende wie versteinert, weil sie dem Geist verwehrten, sich in ihnen zu manifestieren!

Aber gehen wir noch weiter. Nachdem alle Kraft im Geist liegt, diese sich jedoch mit Hilfe der Materie manifestiert, können wir uns den Geist im vollkommenen reinen Zustand, völlig losgelöst von der Materie, nicht vorstellen. Wenn er so existiert, gehört dieser reine Geist nicht unserem Universum an, und es ist nicht möglich, den Bereich zu kennen, in dem er sich befindet. In unserem Universum sind Geist und Materie miteinander verbunden, und alles was wir sehen, alles was wir berühren, besteht aus einer Kombination von Geist und Materie in der einen oder anderen Form.

Nehmen wir zum Beispiel die Atomspaltung. Man glaubt, es sei die Materie, die diese Explosionen hervorruft. Nein, die Materie ist nur die Form, die den Geist enthält, zurückhält und komprimiert. In Wirklichkeit ist eine atomare Explosion ein Ausbrechen des Geistes, der sich als Feuer und Hitze manifestiert. Damit die Explosion stattfinden kann, muss der Geist in der Materie anwesend und komprimiert sein. Die Materie kann allein nichts bewirken, sie ist nur ein Fahrzeug, ein Behälter. Wenn es keine Materie gäbe, um den Geist aufzunehmen, würde er einfach entweichen, denn er ist flüchtig. Die Wissenschaftler bewundern die Macht der Materie und bemerken dabei nicht, dass die von ihr ausgehenden Kräfte die Kräfte des Geistes sind. Sie sind eine Zeit lang eingeschlossen, um nicht verloren zu gehen, aber sie warten auf den Moment, sich manifestieren zu können. Ein Beweis dafür ist, dass man sie nicht mehr zurückholen kann, wenn sie erst einmal befreit sind. Ist der Geist einmal entwichen, kann er unmöglich erneut eingefangen werden. Er geht in die Regionen zurück, aus welchen er kam. Die Materie aber ist zu Staub zerfallen, von ihr bleibt nichts mehr übrig, denn die Macht des Geistes ist so groß, dass er sogar die Materie vernichtet, wenn man ihm dazu die Möglichkeit gibt.

Und was ist ein Baum? Ein Reservoir, ein wunderbares Reservoir von Energien, die von der Sonne kommen. Es genügt, ihn zu verbrennen, um den Beweis zu erhalten. Wenn man einen Baum verbrennt, macht man nichts anderes, als einen Prozess auszulösen, bei dem ununterbrochen Energien freigesetzt werden. Hier zeigt sich in anderer Form das gleiche Phänomen wie die Atomspaltung. Die im Baum enthaltenen Energien entweichen, und wie bei Gefangenen, die man mit einem Gerassel von Schlössern und Ketten befreit, brechen sie mit einem Knistern hervor. Dieses Knistern ist die Befreiung der Sonnenenergien; sie befreien sich in Form von Hitze, die genutzt werden kann. Ihr seht, dass Wasserdampf, Luft und Gase nach oben wegströmen. Im Ofen bleibt nur etwas Asche zurück, das ist der wirkliche Anteil des Elements Erde, der im Vergleich zu den ausströmenden Anteilen von

Luft und Gas wirklich minimal ist. Darin sehen wir also wieder einen Beweis dafür, dass die Materie den Geist gefangen hielt.[1]

Woher kommt die Energie, die der Baum befreit, wenn er verbrennt? Sie befindet sich nicht im Baum selbst, sie wird nur in ihm aufbewahrt. Sie kommt von der Sonne. Die Materie kann die Kraft nicht hervorbringen, sie kommt aus einem anderen Bereich und ist nur da, um sie festzuhalten und aufzubewahren.

Die Eingeweihten, die die unterschiedlichen Manifestationen des Lebens in ihrer ganzen Reichweite untersucht haben, wollten den Menschen Methoden geben, um ihre ursprüngliche Kraft wiederzufinden. Denn zu Beginn besaß der Mensch diese Kraft, und die ganze Natur gehorchte ihm. Indem er sich von der Schwere der Materie mitreißen ließ, verlor er sie jedoch, und das nennt man den Sündenfall. Der Mensch hat also einen Fehler begangen. Er hat seine Kraft verloren, indem er sie von einer dichteren, gröberen Materie aufsaugen ließ. Zuvor lebte er ebenfalls in der Materie, aber in einer ätherischen Materie, dank derer er Wunder vollbrachte. Darum heißt es in der Bibel, dass Adam und Eva im Paradies lebten, im Garten Eden, nackt, in Reinheit und Licht. Sie kannten zu dieser Zeit weder Krankheit noch Tod.

Die Menschen haben diese Leichtigkeit, Freiheit und Unsterblichkeit verloren, indem sie versuchten, in eine dichtere Materie vorzudringen, um diese zu erforschen. Sie fingen an, Krankheiten zu erleiden und wurden vom Tod ergriffen. Und dies geht seit Tausenden von Jahren so weiter: Leid, Krankheit, Tod. Und so wird es weitergehen, bis sie den Weg wiederfinden, der sie zu ihrem ursprünglichen Leben zurückführt. Die Eingeweihten nennen dies »die Reintegration der Wesen«: das Wiederfinden der ursprünglichen Herrlichkeit. Darin liegt die ganze Philosophie der Eingeweihten. Sie sagen uns: »Ihr steht zwischen Geist und Materie. Überlegt also und beobachtet euch, prüft in jedem Augenblick eures Lebens, welche Seite in euch die Oberhand gewinnt. Wenn ihr Gedanken und Gefühle in euch erwachen fühlt, die euch beschweren und quälen, dann versucht, sie zu neutralisieren, anstatt euch hineinziehen zu lassen. Wer sich von der Materie unterwerfen lässt, verliert sein Licht, seine Freiheit und seine Schönheit. Diejenigen aber werden frei, lichtvoll und stark, denen es gelingt, sich von der Materie zu lösen, um dem Geist den ersten Platz in ihrem Leben einzuräumen.«

Die Kraft liegt im Geist. Ihr müsst euch also mehr und mehr in euch selbst vertiefen, euch sammeln, um das göttliche Prinzip in euch zu erreichen. Eines Tages wird eine Quelle hervorsprudeln und ihr werdet euch gestärkt und unterstützt fühlen, übervoll von unerschöpflichen Kräften. Wenn ihr jedoch den Geist vergesst und nur auf die äußeren Dinge wie Geld, Häuser, Maschinen und Waffen zählt, dann wird euch die Kraft, die wahre Kraft des Geistes verlassen. Warum? Weil ihr sie nicht unterstützt, weil ihr nicht an sie denkt, euch nicht an sie wendet und nicht mit ihr kommuniziert. Ihr werdet euch mit den noch übrig bleibenden Reserven weiterschleppen, aber weit werdet ihr nicht kommen. Zuerst glaubt ihr euch noch stark, aber die Quelle wird aufhören zu fließen, weil ihr den Kontakt mit ihr unterbrochen habt, und dann werdet ihr sehen, ob ihr stark und mächtig seid! Weggefegt, ausgelöscht, das werdet ihr sein!

Die Mehrzahl der Menschen denkt nur an die äußere Seite, aber wie lange können sie darauf bauen? Sie besaßen in ihrem Leben Geld und Waffen, das ist gut und recht, aber da sie nichts davon nach dem Tode mitnehmen können und hier auf der Erde nicht daran gearbeitet haben, ihren Geist zu stärken, werden sie beim Verlassen der Erde nichts mehr besitzen! In diesem Augenblick begreifen sie dann, dass es vorbei ist. Vorbei ist die Zeit, in der sie sich stark glaubten, und sie fangen an zu bereuen, zu leiden; und genau das ist die Hölle. Sie kommen zu den Lebenden zurück und versuchen mit ihnen zu sprechen, mit ihrer Frau, mit ihren Kindern, aber keiner hört sie. Manche gehen zu spiritistischen Sitzungen und treten in ein Medium ein, um zu sagen: »Ich habe mein Leben vertan, macht es nicht wie ich«, aber auch hier glaubt ihnen niemand. Eines Tages inkarnieren sie sich wieder und müssen noch einmal bei Null anfangen, weil ihnen Diebe ihren ganzen angehäuften Reichtum gestohlen haben.[2]

Seht ihr jetzt, was für eine Enttäuschung diejenigen erleben werden, die nicht aufgeklärt und eingeweiht wurden; sie sind wirklich nicht zu beneiden. Welchen Reichtum aber besitzen diejenigen, die sich Fähigkeiten, Tugenden und Eigenschaften erarbeitet haben! Auch wenn sie äußerlich nichts besitzen, so sind sie doch innerlich reich an Erkenntnissen und Kraft, und im Sterben nehmen sie dann ihren ganzen Reichtum mit ins Jenseits. Nachdem sie sich hier darin geübt haben, diesen inneren Reichtum zu entwickeln, kann er ihnen von niemandem mehr genommen werden, sie können ihn behalten. Sie werden sogar alles, was sie hier auf der Erde gewünscht haben, dort drüben in Fülle finden. Diejenigen, die das Licht und die Farben liebten, können sie endlos betrachten. Für jene, deren Seele voller Musik und Symphonien ist, singen die Sterne und das ganze Universum. Denjenigen, die davon träumten zu wissen und zu erkennen, enthüllen sich alle Geheimnisse der Schöpfung.

Die wahre Kraft befindet sich im Geist, denn die Eigenschaften des Geistes sind besonders mit der Kraft verbunden. Intelligenz, Weisheit und Reinheit verleihen euch große Fähigkeiten, auch die Liebe. Wenn ihr viel Liebe habt, könnt ihr eure negativen Zustände wie Kummer, Traurigkeit, Wut, Hass usw. ebenfalls überwinden. Denn die Liebe ist ein Alchimist, der alles verwandelt. Die wahre Kraft befindet sich jedoch in der Wahrheit, denn die Wahrheit ist der bevorzugte Bereich des Geistes.

Jesus sagte: »Sucht die Wahrheit und die Wahrheit wird euch frei machen.«³ Um sich zu befreien, braucht man die wirkliche Kraft, welche die Weisheit allein nicht besitzt. Es gibt viele Weise, die sich nicht befreien konnten. Selbst die Liebe kann euch alleine nicht gänzlich befreien. Nur die Wahrheit kann es, das heißt, die Vereinigung von Liebe und Weisheit. Dies lehrt die Einweihungswissenschaft. Aber die Menschen vernachlässigen die Liebe, sie vernachlässigen die Weisheit, und sie bilden sich ein, dass das Geld sie befreien wird. Von wegen! Das Geld wird sie unterjochen, denn es gibt ihnen alle Möglichkeiten, ihre niedere Natur zu ernähren, sich in Vergnügungen zu stürzen, jede ihrer Launen zu befriedigen und sich sogar an den anderen zu rächen, indem man sie umbringt, wenn es sein muss. Das Geld öffnet ihnen den direkten Weg in die Hölle! Gewiss, wenn sie weise und Meister ihrer selbst sind, kann ihnen das Geld dazu dienen, sich zu befreien und viel Gutes zu tun. Aber gebt schwachen Leuten Geld und ihr werdet sehen, ob sie davon befreit werden! Äußerlich befreien sie sich vielleicht von einem aufdringlichen Wesen oder entgehen ihren Verfolgern, das mag sein, aber innerlich befreien sie sich weder von ihren Schwächen, noch von ihren Lastern oder Ängsten. Sie begeben sich auf Reisen, aber ihre Übel werden sie begleiten. Oft sind die reichsten Leute diejenigen, die am stärksten gefesselt sind, während die armen, aber intelligenten Leute sehr viel freier sind.

Für ein richtiges Verständnis muss man zuerst jedem Ding seinen Platz geben, und genau das lehrt eine Einweihungsschule. Eine Einweihungsschule unterrichtet euch nicht in Zoologie, Botanik, Ethnologie, Geographie oder Geschichte, sondern sie lehrt euch die Wissenschaft vom Leben. Kein anderer Bereich wird so vernachlässigt. Für alles Übrige gibt es Schulen, aber wo kann man die Wissenschaft vom Leben lernen? Nirgends. Wir sind hier in einer solch seltenen, außergewöhnlichen Schule, in der gelehrt wird, wie man leben soll, das heißt, wie denken, fühlen und handeln. Leider begreifen nur wenige den Wert davon. Die anderen werden es verstehen, wenn sie die Erde verlassen müssen, aber dann ist es zu spät.

Im Augenblick sind die Menschen noch Opfer dieser materialistischen Philosophie, die sie von der wahren Kraft fernhält, und sie werden immer schwächer. Aber ihr werdet sehen, dass der Materialismus in einigen Jahren ausgeschlossen, weggejagt und verbannt wird. In den Universitäten, den Schulen, den Familien und überall wird man die Menschen in der Wissenschaft des Geistes unterrichten. Sie werden erkennen, dass sie jahrhundertelang im Dunkeln tappten und dass diese ganzen technischen und wissenschaftlichen Entdeckungen noch kein wirklicher »Fortschritt« waren. Der Fortschritt des Geistes ist der wahre Fortschritt, es zählt kein anderer Fortschritt als der des Geistes. Schreibt euch diese Worte auf, denn sie sind eine Formel für die Zukunft. Entdeckungen gibt es mehr und mehr, aber die Errungenschaften, die sich auf das physische Wohlbefinden und den materiellen Komfort beschränken, können die Menschen nicht besser machen. Im Gegenteil, sie werden noch egoistischer, rachsüchtiger, verwundbarer und kränker, und gleichzeitig sind sie hochmütiger, eitler und verschlagener. Das ist es, was uns der »Fortschritt« gebracht hat. Das ist wirklich nicht der Fortschritt des Geistes.

Der Fortschritt des Geistes verbessert die Geschöpfe. Er macht ihre Gedanken und Gefühle besser und erhält dadurch ihre physische und psychische Gesundheit. Der so genannte Fortschritt hingegen besteht im Moment häufig darin, noch perfektere Krankenhäuser, Kliniken und Gefängnisse zu eröffnen! Anstatt die Heilmittel im Geist zu suchen und im eigenen Inneren etwas in Ordnung zu bringen, laufen und suchen alle außerhalb von sich selbst. Keiner denkt daran, in seinem Inneren zu forschen, wirklich keiner, außer diesen armen Mystikern, diesen armen Spiritualisten, über die man sich lustig macht.

Ja, die wahre Kraft kommt aus dem Inneren, aus dem Geist, das heißt aus dem Zentrum. Sicher, es gibt auch an der Peripherie einige wirksame Elemente, das kann man nicht bestreiten, aber das sind doch die wenigsten. Das Echte liegt im Zentrum, im Geist. Alles andere ist mehr oder weniger gefälscht, gemischt und unrein. Selbst das Gold und die Edelsteine, das Reinste in der Natur, müssen von Schlacken befreit werden. Alles was ihr weit von der Quelle entfernt findet, ist mit Unreinheiten vermischt, und man muss es reinigen, läutern. Nur diejenigen, die sich direkt an der Quelle erquicken, trinken ein vollkommen reines Wasser.

Überall im Universum und im Menschen manifestiert sich das Prinzip des Lebens und das Prinzip des Todes. Sobald sich das Leben zu entfalten beginnt, erwachen gegensätzliche Kräfte, um es zu unterdrücken, auszulöschen, und das Leben muss sich andauernd verteidigen. Aktion und Reaktion, es gibt nichts anderes. Wenn der Mensch nicht auf sich aufpasst, kann es sein, dass der Tod stärker ist. Wie viele Lehren kann man aus dieser Wahrheit ziehen!

Jemand kommt zu mir und klagt, dass ihm alles misslingt, dass er entmutigt und vom Leben enttäuscht ist. Ich sehe ihn an und sage ihm ganz einfach: »Sie haben sich an der Schule der Schwäche eingeschrieben.« – »Was für eine Schule? Ja, als ich jung war, bin ich in die Schule gegangen, aber jetzt bin ich an keiner Schule mehr eingeschrieben.« Ich antworte: »Doch, Sie gehen in die Schule der Schwäche.« Er versteht mich nicht und ich erkläre es ihm: »Also, in dieser Schule der Schwäche macht man keinerlei Anstrengungen, überhaupt keine physischen oder spirituellen Übungen, man flüchtet sich in die Sessel, in Komfort und Faulheit. Es ist gut, es ist herrlich, aber was geschieht dabei?

Man verlangsamt die innere Bewegung, man verringert die Intensität des Lebens, des Geistes, der Gedanken, und die negative Seite schleicht sich ein, sie hinterlässt Spuren und Unreinheiten, derer man sich nicht zu entledigen weiß. Um all den Schmutz abzuschütteln, der sich da in Ihr Inneres einschleichen will und alle möglichen Störungen verursachen würde, müssen Sie also ein intensives Leben leben.[4] Tragen Sie sich also jetzt in die Schule der Stärke ein. Das heißt, sorgen Sie in Ihrem Inneren ständig für die Aufrechterhaltung von Aktivität, Achtsamkeit, Dynamik, Mut und Begeisterung.«

Da ihr wisst, dass sich die beiden Prinzipien des Lebens und des Todes in ständigem Kampf miteinander befinden, dürft ihr weder nachgeben noch erlauben, dass euch die negativen Kräfte überwältigen und fesseln. Für einen Augenblick fühlt man sich wohl, wenn man sich gehen lässt, aber anschließend ist man gelähmt: Nichts, weder das Blut, noch die Zellen vibrieren mehr, um zu kämpfen und sich zu verteidigen. Und so kommt es zur Invasion von Staub, Schimmel und Pilzen. Wenn sich ein Rad schnell dreht, kann sich der Schlamm nicht daran festsetzen, er wird weggeschleudert; wenn sich die Bewegung jedoch verlangsamt, bleibt der Schlamm daran kleben. Versteht ihr das? Darin liegt eine großartige Philosophie und Wissenschaft. Es ist jetzt eure Sache, Anstrengungen zu machen, denn es ist zu eurem eigenen Vorteil, nicht schlaff und bequem zu werden. Alles muss in Übung gehalten werden: die Arme und Beine, die Lunge, Gedanken, Gefühle, Seele und Geist. Dann seid ihr in einem Schwingungszustand, der jede Unreinheit zurückweist und auf diese Weise könnt ihr euren Weg lange fortsetzen.

Seit Jahren sage ich euch: »Macht euch auf und schreibt euch an den Schulen der Stärke ein, strengt euch an«, denn nichts tun bedeutet den Tod. Ihr werdet euch eines Tages vergewissern, wie notwendig das intensive Leben ist. Darum muss man unter dem Zeichen der Begeisterung stehen und darf die Liebe nicht aufgeben, die spirituelle Liebe, denn sie erzeugt in uns diesen sprühenden, strahlenden Zustand und weist alles Negative und Dunkle zurück. Diejenigen, die sich für intelligent und weise halten, weil sie glauben, dass es unnütz sei zu lieben und gütig zu sein, haben ihr Todesurteil unterzeichnet... zuerst sterben sie den spirituellen Tod, aber der andere Tod wird nicht lange auf sich warten lassen. Ihr müsst euch also jetzt entscheiden und verstehen, worin der Sinn des Lebens liegt, wo Gesundheit und Kraft zu finden sind. Die Kraft liegt in der Aktivität des Geistes.

Anmerkungen

1. Siehe Band 232 der Reihe Izvor »Feuer und Wasser, Wunderkräfte der Schöpfung«, Kapitel 17: »Der Baum des Lichtes«.

2. Siehe Band 217 der Reihe Izvor »Ein neues Licht auf das Evangelium«, Kapitel 4: »Sammelt euch Schätze«.

3. Siehe Band 234 der Reihe Izvor »Die Wahrheit, Frucht der Weisheit und der Liebe«, Kapitel 18: »Die Wahrheit wird euch frei machen«.

4. Siehe Band 212 der Reihe Izvor »Das Licht, lebendiger Geist«, Kapitel 8: »Das intensive Leben des Lichts leben«.

Kapitel 8

Einige Gesetze,
die bei der geistigen Arbeit
zu beachten sind

Für den Himmel zählen nicht eure Erfolge, sondern eure Anstrengungen, denn allein die Anstrengungen halten euch auf dem rechten Weg, während euch die Erfolge oft dazu verleiten, nachlässig und unachtsam zu werden. Auch wenn ihr nichts erreichen konntet und zu keinem Ergebnis gekommen seid, das macht nichts, wenigstens habt ihr gearbeitet.

Verlangt also nicht nach Erfolgen, sie hängen nicht von euch ab, sondern vom Himmel, der sie euch dann geben wird, wenn er es für richtig hält. Was von euch abhängt, das sind die Anstrengungen, denn die kann der Himmel nicht für euch machen. Genauso wie niemand an eurer Stelle essen kann, so kann auch der Himmel nicht für euch essen, d. h. die Anstrengungen für euch übernehmen, ihr müsst sie selbst tun. Und die Erfolge

bestimmt er, wann er will und wie er will, je nachdem, was er für eure Entwicklung am besten erach-
tet. Wie viele Heilige, Propheten und Eingeweihte
verließen die Erde, ohne Erfolg gehabt zu haben!
Trotz ihres Lichts, ihrer Rechtschaffenheit und
Reinheit, konnten sie ihrem Ideal nicht zum Sieg
verhelfen. Das beweist sehr wohl, dass der Erfolg
nicht von ihnen abhing.

Oft quälen sich manche unter euch: »Ich bete,
ich meditiere und trotzdem verändert sich nichts.
Warum?« In Wirklichkeit sind große Verwandlungen im Gange, aber sie sind von solcher Feinheit, dass ihr sie nicht sehen könnt. Lasst euch also
nicht entmutigen. Es heißt in den heiligen Schriften, dass Gott treu und wahrhaftig ist. Alle Anstrengungen, die ihr macht, um eure innere Materie
zu bearbeiten, zu beherrschen und zu vergeisti-
gen, damit eure Anwesenheit für die ganze Welt
immer segensreicher wird, werden aufgezeichnet,
und eines Tages werdet ihr die Ergebnisse sehen.
Wann? Das ist das Einzige, was schwierig zu wissen ist, aber damit dürft ihr euch nicht aufhalten.
Eure Aufgabe ist es, zu arbeiten und es dem Himmel zu überlassen wann, wo und wie eure Anstrengungen belohnt werden.

Übrigens tragen die Anstrengungen bereits
ihre Belohnungen in sich. Nach jeder Anstrengung, nach jeder gedanklichen Übung, bekommt
das Leben eine andere Farbe und einen anderen Geschmack. Gerade darum empfinden die

Eingeweihten über jede Kleinigkeit so viel Freude und Glück, es erwächst ihnen aus jener vorangegangenen spirituellen Arbeit. Wenn sie diese Arbeit nicht gemacht hätten, wären sie ebenso wie all die übersättigten Leute, die sich an nichts mehr erfreuen können. Sie haben alles, nichts fehlt ihnen, doch der Geschmack am Leben ist ihnen verloren gegangen, weil sie innerlich untätig sind, ohne intensives Leben.

Man muss sich klar darüber sein, dass es keine wirksamere Arbeit gibt als diese, auch wenn sie nicht sofort sichtbare Ergebnisse bringt. Die Ergebnisse lassen auf sich warten, weil die spirituelle, göttliche Welt schwerer zu erreichen ist als die materielle Welt, aber man darf nicht aufgeben. Wenn ihr aufgebt bedeutet das, dass ihr weder Unterscheidungsvermögen noch Wissen besitzt. Wie lange braucht ein Salat, um zu wachsen? Und wie lange braucht eine Eiche? Ja, aber wie lange lebt ein Salat und wie lange lebt eine Eiche? Im Innenleben findet man genau dieselben Gesetze: Wenn ihr einen Salat haben wollt – symbolisch gesehen –, werdet ihr ihn sehr bald bekommen, aber er wird auch schnell wieder welk sein. Wenn ihr jedoch eine Eiche haben wollt, müsst ihr lange warten, aber sie wird Jahrhunderte leben.

Arbeitet also und weiter nichts. Legt keinen Zeitpunkt fest, an dem eure spirituellen Bestrebungen verwirklicht sein sollen. Wenn ihr euch auf ein Datum festlegt, um dieses oder jenes innere

Resultat zu erreichen oder um den Sieg über
irgendeine Schwäche davonzutragen, werdet ihr
euch nur verspannen, und eure Entwicklung ver-
läuft weniger harmonisch. Ihr müsst also an eurer
Vervollkommnung arbeiten, ohne euch zeitlich
festzulegen und dabei denken, dass ihr die Ewigkeit vor euch habt und die gewünschte Vollkommenheit eines Tages erreichen werdet. Ihr dürft
euch nur mit der Schönheit dieser Arbeit befassen
und müsst euch sagen: »Da es so schön ist, will
ich nicht wissen, ob ich Jahrhunderte oder Jahrtausende brauche, um es zu erreichen.«[1]

Viele Spiritualisten stellen sich vor, dass – wenn
sie diesen oder jenen Entschluss gefasst haben –
alles so ablaufen muss, wie sie es sich wünschen,
alle ihre Instinkte sich unterordnen und Weisheit
und Vernunft siegen werden. Sie ahnen nicht, dass
andere Kräfte erwachen können, um sich der Verwirklichung ihrer Pläne entgegenzustellen. Und
wenn sie dann sehen, dass es ihnen nicht in der
gewünschten Zeit gelungen ist, werden sie ärger-
lich und verbittert und belästigen die anderen mit
ihrem enttäuschten Ehrgeiz. Man darf sich nicht in
das spirituelle Leben stürzen, ohne dessen Gesetze
zu kennen, sonst sind die Ergebnisse womöglich
noch schlimmer, als wenn man bei seinen gewöhnlichen Beschäftigungen geblieben wäre.

Übrigens darf man generell niemals zu selbst-
sicher sein, wenn man sich für eine spirituelle
Aktivität engagiert, denn mit dieser Sicherheit

provoziert man andere Kräfte, die sich der Verwirklichung entgegenstellen. Ihr habt es sicher schon bemerkt. Ihr plant an einem bestimmten Tag eine spezielle Arbeit, und wenn es dann so weit ist, habt ihr überhaupt keine Lust mehr dazu. Obwohl ihr in dem Moment, als ihr euch engagiert hattet, ganz aufrichtig gewesen seid und entschieden wart, euer Vorhaben auszuführen. Macht also in Zukunft nicht mehr so laute Versprechungen, verkündet nicht jedem eure Pläne, sondern behaltet eure Hoffnungen und Wünsche für euch, dann werden sich ihrer Verwirklichung weniger Hindernisse in den Weg stellen. Das ist sehr wichtig zu wissen.

Der Schüler muss, bevor er sich auf das spirituelle Leben einlässt, bestimmte Kenntnisse haben, sonst läuft er Gefahr, sehr unangenehme Überraschungen zu erleben. Man kann den Menschen mit einem Baum vergleichen. Ja, auch er hat Wurzeln, einen Stamm und Äste, auf denen Blätter, Blüten und Früchte wachsen. Je höher der Baum wächst, um so tiefer graben sich die Wurzeln in die Erde. Das heißt, je mehr sich der Mensch erhebt, umso mehr läuft er Gefahr, dass die instinktiven Kräfte in ihm wach werden wie Sinnlichkeit, Wut und Hochmut.

Man muss die Natur des Menschen kennen und wissen, dass durch das Auslösen eines bestimmten Mechanismus in dem einen Teil seines Wesens zwangsläufig auch ein anderer Mechanismus im anderen Teil seines Wesens ausgelöst wird. Ihr

werdet sagen: »Aber wenn das unsere Instinkte
verstärkt, darf man sich nicht dem spirituellen
Leben widmen.« In Wirklichkeit gibt es Mittel,
um diese Kräfte zu beherrschen und dank ihnen zu
den größten inneren Verwirklichungen zu gelangen. Das nennt man spirituelle Alchimie. Ja, man
muss vieles wissen, um sich nicht zu verirren![2]

Auch wenn ihr einen Sieg errungen habt, dürft
ihr nicht einschlafen. Im Gegenteil, ihr müsst noch
wachsamer sein als sonst, denn der andere Teil kann
zum Angriff übergehen und wenn ihr euch dann
überrumpeln lasst, verliert ihr möglicherweise wieder alle gewonnenen Vorteile. Das sind Gesetze.
Nachdem alles miteinander verbunden ist, löst die
hervorgerufene Bewegung in einem Bereich eine
andere Bewegung in dem ihm entgegengesetzten
Bereich aus. Aus diesem Grund fordert ein Eingeweihter, der damit beschäftigt ist, eine sehr lichtvolle Arbeit für die ganze Menschheit zu machen,
ohne es zu wollen, die andere, dunkle Seite heraus.
Da er es aber weiß, trifft er Vorsichtsmaßnahmen.
Nur weil man die Feindseligkeit der dunklen Kräfte
weckt, darf man die Arbeit für das Licht nicht aufgeben. Auch hier muss man wissen, wie man ohne
Niederlage die Arbeit bis zum Sieg fortsetzen kann
und gleichzeitig lernen, die Schwierigkeiten als
Ansporn zu benutzen.

Aber vergesst vor allem niemals, dass im spirituellen Leben nicht der Schüler den Zeitpunkt der
Verwirklichung festlegt. Wenn er nämlich sieht,

dass sich seine Wünsche nicht verwirklichen, wird er zusammenbrechen oder er reagiert mutlos und gibt auf. Es ist schade aufzugeben, nur weil sich die Erfolge nicht zur gewünschten Zeit eingestellt haben! Ihr müsst eure Arbeit fortsetzen im Sinne der Fülle, der Herrlichkeit und des Friedens, denn nur so gelangt ihr eines Tages zur Vollkommenheit.

Anmerkungen

1. Siehe Band 231 der Reihe Izvor »Die Saaten des Glücks«, Kapitel 3: »Nur die richtige Arbeit macht glücklich«, Kapitel 4: »Die Philosophie der Anstrengung« und Kapitel 6: »Der Sinn des Lebens«.

2. Siehe Band 221 der Reihe Izvor »Alchimistische Arbeit und Vollkommenheit«.

Kapitel 9

Das Denken als hilfreiche Waffe

Teil 1

Es gibt viele verschiedene Übungen, die man mit den Gedanken machen kann. Ihr habt zum Beispiel eine Schwierigkeit: Nehmt sie, und anstatt euch von ihr niederdrücken zu lassen, stellt sie neben alles, was ihr schon besitzt an Reichtümern und Fähigkeiten und beginnt, sie damit zu vergleichen. Ihr werdet sehen, dass die Schwierigkeit nicht bestehen kann, sie wird vor der Größe und Unermesslichkeit des bereits Errungenen verschwinden. Ja, lernt euren Kummer und eure Sorgen euren Reichtümern, eurer Zukunft und eurem Ideal gegenüberzustellen und ihr werdet feststellen, wie sie spurlos verschwinden. Damit habt ihr eine sehr wirksame Methode – die Konfrontation – und ihr solltet sie anwenden können. Man begegnet einer solchen Art von Debatte sehr oft im Leben. Derjenige von den beiden, der Unrecht hat, fühlt nach und nach diesen Fehler und macht sich klein, er kommt ins Stottern, zieht sich zurück und gibt auf. Wobei sein Gegner, der zuerst kleiner und schwächer erschien, aber im Recht ist, an Kraft gewinnt und sich aufrichtet. Woraus erwächst ihm diese Kraft? Daraus, dass er sich im Recht fühlt. Je stärker er wird, um so unruhiger wird der andere, der natürlich zu Beginn mit lauter Stimme sprach. Er schrie, um seine Ängstlichkeit vor der Wahrheit zu verbergen, aber plötzlich geht ihm dann die Luft aus wie einem Ballon.

Sagt allen unerwünschten Störenfrieden der unsichtbaren Welt: »Kommt her, kommt her, ich will euch etwas zeigen.« Und ihr stellt sie vor eure jetzigen Reichtümer und vor all jene, die in Zukunft noch auf euch warten. Am Anfang werden sie bluffen und angeben, aber bald bleibt keine Spur mehr von ihnen übrig, und ihr merkt, wie ihr auf diese Weise vieles verwandeln und verbessern könnt. Warum übt ihr das nicht? Im Leben erwarten uns viele Erfahrungen, es wird einem niemals langweilig. Es gibt immer wieder interessante Dinge zu lernen, zu überprüfen und zu verwirklichen.

Wenn ihr auf bösartige Wesen stoßt, die euch davon überzeugen wollen, dass ihr den falschen Weg einschlagt, weil ihr euch einem spirituellen Leben zuwenden wollt, dann stellt diese inneren Feinde auch hier vor die Schönheit und Tiefe der bereits gemachten Erfahrungen. Sie werden nicht mehr wissen, was sie sagen sollen und verschwinden, sie werden euch in Ruhe lassen. Wenn sie wiederkommen, dann nehmt die gleiche Haltung ein, empfangt sie sanft und freundlich und sagt: »Ja, ich verstehe eure Argumente, aber erklärt mir, wie es möglich ist, dass ich so jene göttlichen Minuten erleben konnte, dass ich so viele Wahrheiten verstand...« und ihr zählt im Detail auf, was ihr alles empfangen habt. Sie werden vollkommen verstört sein.

Diese Wesenheiten haben die größten Genies, Künstler, Denker und Philosophen aufgesucht und sogar die größten Heiligen oder Eingeweihten, um sie zu erschüttern und von ihrer Arbeit abzubringen. Oft ist es ihnen auch wirklich gelungen. Selbst Jesus haben sie nicht verschont! Erinnert euch an die drei Versuchungen in der Wüste. Aber ihr konntet sehen, dass sich Jesus nicht überzeugen ließ. Er antwortete dem Satan, indem er die großen Wahrheiten der Bibel aussprach, und so musste dieser aufgeben.

Und im Garten von Gethsemane, wie viele Wesenheiten kamen, um Jesus noch im letzten Moment in Versuchung zu führen, indem sie zu ihm sagten: »Nein, du bist nicht gezwungen, dieses Schicksal auf dich zu nehmen, du kannst dem Tod entrinnen. Du hast doch schon so viel getan, lohnt sich denn dieses Opfer wirklich? Schau dir doch die Menschen einmal an, sie schätzen dich nicht, sie haben dich bereits verraten. Geh und rette dich!« Und Jesus war nahe daran, dieser Versuchung nachzugeben. Aber dann hat er sich ganz plötzlich aufgerichtet und gesagt: »Verschwindet! Ich bin gekommen, um diese Mission zu erfüllen, und ich muss meine Arbeit tun«, worauf die bösen Geister besiegt fortzogen. Doch welche Qualen hatte er durchlebt!

Ja, diese Geister versuchen jeden, nicht nur euch, sondern auch die größten Propheten und Heiligen. Zweifel, Angst vor dem Tod, Sinnlichkeit, Hochmut... es gibt viele Versuchungen! Viele Heilige sind der Versuchung durch den Hochmut erlegen. Der Feind sagte zu ihnen: »Das ist großartig, du hast mich besiegt, was für eine Macht und Willenskraft du hast! Über welch überragende Waffen du verfügst!« Denn er wartete darauf, dass sie antworteten: »Ja, ich habe dich besiegt, dich, den Dämon, ich bin sehr stark«, und dass sich dadurch ihr Stolz manifestierte. Aber diejenigen, die geschult waren in der Einweihungslehre, waren achtsam und antworteten: »Nein, nicht ich habe dich besiegt, sondern Christus in mir.« Und damit hatten sie die Versuchung wirklich besiegt.

Ihr seht wie wichtig es ist, immer die richtige Antwort zu finden. Das Wort »Dialog« ist heute sehr in Mode, doch innerlich laufen ununterbrochen Dialoge mit jenen niederen Wesenheiten ab... eine echte Rauferei! Wenn ihr gelernt habt zu antworten, das heißt, eine echte Arbeit mit den Gedanken zu vollbringen, dann siegt ihr. Wenn nicht, werdet ihr besiegt. Lernt also so zu antworten wie es Jesus

tat: »Der Mensch lebt nicht vom Brot allein, sondern von jedem Wort, das aus dem Munde Gottes
geht...« (Mt 4,4). »Du sollst Gott deinen Herrn
nicht versuchen...« »Du sollst anbeten Gott deinen Herrn und Ihm allein dienen...« Bemüht euch
um diese Wahrheiten, es sind wahre Waffen, um
die Geister des Bösen abzuwehren. Findet sie und
schleudert sie ihnen entgegen. Nur die Wahrheit
hat die Allmacht sie zu besiegen. Dagegen sind sie
machtlos.

Teil 2

Wenn es vorkommt, dass ihr von Bildern überfallen und gequält werdet, müsst ihr wissen, dass ihr die Möglichkeit habt, diese Bilder zu verwandeln. Ihr konzentriert euch auf sie, um ihnen andere Formen und andere Farben zu geben. Sie werden sich letztlich eurer Willenskraft beugen. Nehmen wir an, ihr befindet euch vor dem Einschlafen in dieser Zone, die man zwischen dem Schlaf- und Wachzustand durchqueren muss, und ihr seht euch auf einer schlammigen Straße oder in einem gefahrvollen Wald gehen. Was solltet ihr tun? Diese Bilder einfach ablaufen lassen? Sie passiv ertragen? Im Augenblick des Einschlafens befindet ihr euch an der Grenze zwischen der physischen und der astralen Ebene. Ihr seid bereits im Begriff, in die Astralebene einzutreten und diese Muster, die sich euch nun aufdrängen, haben einen Sinn. Sie sagen etwas vorher, sie warnen euch, dass euer Weg von bestimmten unangenehmen Ereignissen durchkreuzt wird. Es kann aber auch das Gegenteil geschehen: Ihr seht

euch in einem wunderbaren, von Blumen, Vögeln
und Musik erfüllten Garten. Diese Bilder kündigen
euch an, dass euch eine gute Periode bevorsteht.

Aber nehmen wir wieder den Fall, in dem ihr
von düsteren Bildern aufgesucht werdet. Obgleich
ihr bereits im Begriff seid, in das Unbewusste ein-
zutauchen, könnt ihr dennoch eine gewisse Wach-
heit aufrechterhalten und reagieren. Ihr bemüht
euch mit den Gedanken in eine übergeordnete
Region vorzudringen, in der dann lichtvolle Bilder
auftauchen. Das will nicht heißen, dass ihr dadurch
wirklich den Lauf der Dinge verändern könnt. Die
Schwierigkeiten und Prüfungen werden trotzdem
kommen und euch bedrängen, da sie oft von äußeren Bedingungen abhängen. Aber da ihr diese Bilder in euch verwandelt habt, habt ihr in eurem Inneren andere Strömungen und Kräfte ausgelöst, die
euch zu Hilfe kommen. Ihr könnt die äußeren Ereignisse nicht verhindern, aber ihr könnt euch innerlich
helfen, indem ihr jene Kräfte entwickelt, die euch
dann die Möglichkeit geben, den Schwierigkeiten
zu begegnen.

Der Winter ist zum Beispiel eine schwierige
Zeit, aber wenn ihr genug zum Heizen habt, wird
alles gut gehen. Genauso ist es im Innenleben. Ihr
müsst euch darüber bewusst sein, was in eurem
Inneren vorgeht. Dass euch düstere Bilder und qual-
volle Empfindungen bedrängen, ist unumgänglich,
denn wir leben in einer von Gewalt angefüllten
Welt. Es ist normal, dass wir die Rückwirkungen

davon empfangen, das lässt sich nicht verhindern. Es geht nicht darum, die Welt zu verändern, das ist unmöglich, sondern unseren inneren Zustand. Wir können nicht die ganze Welt verändern, aber wir können uns selbst verändern. Die Welt zu verändern, das ist die Angelegenheit Gottes, und man wird uns niemals dafür verantwortlich machen, es nicht getan zu haben. Von uns wird jedoch verlangt, uns zu entscheiden, wenigstens ein einziges Geschöpf auf Erden zu verwandeln, und das sind wir selbst.

Sobald ihr also spürt, dass in eurem Inneren negative Strömungen aufkommen, primitive, grobe, sinnliche Bedürfnisse, dann lasst euch nicht mehr so einfach davontragen von ihnen, indem ihr glaubt, dass ihr dagegen nichts tun könnt. Nein, man muss reagieren. Wenn es einem gelingt, seinen inneren Zustand zu verbessern, verwandelt sich die ganze Welt, weil man sie durch eine andere »Brille« sieht. Warum ist für die Verliebten die Welt so schön? Weil in ihnen selbst alles schön und poetisch ist. Es regnet und schneit, aber sie haben ein Rendezvous, und deshalb scheint für sie die Sonne, der Himmel ist blau, die Vögel singen und die Blumen duften, weil in ihren Herzen Frühling ist. Die Verliebten lehren die Spiritualisten wunderbare Dinge!

Der wirklich spirituelle Mensch ist davon überzeugt, dass die Gedanken eine Realität sind und dass alle Macht in ihnen liegt. Darum nutzt er jeden Augenblick im Leben, um mit seinen Gedanken zu arbeiten. Selbst unter den ungünstigsten Bedingungen, unter denen alle anderen unglücklich, niedergedrückt und empört sind, gelingt es dem Spiritualisten, Licht und Frieden zu finden. Er steht über allen Umständen, während diejenigen, die nicht mit ihren Gedanken zu arbeiten wissen, ununterbrochen damit beschäftigt sind, sich zu beklagen und immer besiegt werden. Sie wissen nicht, dass sie ein Instrument besitzen, das sie über alle Bedingungen erheben kann. Mit dieser Unwissenheit begrenzen und schwächen sie sich und halten sich immer in Abhängigkeit.

Der Mensch hat die Fähigkeit, die Umstände zu neutralisieren, sodass sie aufhören, ihn negativ zu beeinflussen. Aber er muss daran arbeiten. Wenn er einfach nur darauf wartet, dass sich die Bedingungen von selbst verbessern, wird er natürlich überrollt werden. Selbst die größten Meister müssen, wenn sie auf der Erde wiedergeboren werden, oft den schlimmsten Bedingungen wie Entbehrungen, Krankheit und Verfolgung die Stirn bieten. Aber es gelingt ihnen, sie zu überwinden, weil sie sich die Denkweise des Geistes zu Eigen gemacht haben. Was auch immer euch geschehen mag, sagt euch von jetzt an: »Ja, es stimmt, die Bedingungen sind wirklich schlecht, aber in meinem Inneren habe ich die Möglichkeit, Strömungen auszulösen, die real und mächtig sind und fähig, Ergebnisse zu erzielen.« In diesem Moment steht ihr über den Bedingungen, während ihr ihnen sonst unterliegt und von ihnen erdrückt werdet. Wenn ihr täglich so denkt, werdet ihr nach einiger Zeit in allen Lebenslagen, selbst in den ungünstigsten und schlimmsten, gewinnen, weil ihr in eurem Inneren Kräfte in Bewegung setzen könnt, die über den Bedingungen stehen.

Der Geist steht über allem, und wenn es euch gelingt, euch mit ihm zu verbinden, zu identifizieren, so empfangt ihr Kräfte, Beruhigung und Erleuchtung. Aber wie viele haben diese Denkweise akzeptiert? Anstatt mit dem Geist zu arbeiten, warten sie immer auf die guten Bedingungen, und darum sind sie derart verletzlich. Wenn sie dennoch einigen Erfolg und etwas Glück haben, dann nur, weil man ihnen geholfen hat oder dank äußerer Umstände, die nicht andauern werden, aber nicht weil ihre Philosophie der Wahrheit entspricht.

Ihr werdet sagen: »Ja, aber was Sie uns raten ist, in der subjektiven Welt zu leben.« Jawohl, beginnen wir damit, die subjektive Welt zu erforschen. Gerade in der subjektiven Welt hat Gott die ganze Macht versteckt. Die Materialisten haben überhaupt keine bewusste Herrschaft im Bereich der Gedanken und der Gefühle, weil sie zu sehr auf die objektive, physische, materielle Welt zählen. Sie haben den Glauben an die Möglichkeiten der inneren Welt verloren, sie wollen sogar die Spuren dieser Welt auslöschen.

Gewiss, es gibt da auch eine Gefahr für die Spiritualisten. Da sie nun wissen, dass sie den Lauf ihrer eigenen Gedanken und Gefühle ändern

können, dass sie in der Lage sind, ihre Traurigkeit
in Freude, ihre Entmutigung in Hoffnung zu verwandeln, glauben sie, dass es ihnen genauso leicht
möglich ist, die äußere Welt zu verändern. Oh nein!
Der Vorteil der subjektiven Welt ist, dass sie euch
mit den unsichtbaren, subtilen Kräften der Natur
in Kontakt bringt. Diese Welt ist eine Realität, aber
keine konkrete, materielle Realität. Und wenn ihr
nun so überzeugt seid von dem, was ihr fühlt, dass
ihr auch die anderen davon überzeugen wollt, dann
müsst ihr mit großen Enttäuschungen rechnen. Die
objektive und subjektive Welt existieren beide, aber
man muss die Entsprechungen und Verbindungen
zwischen beiden kennen, um sie aufeinander abzu-
stimmen. Wenn euch die innere Welt alles bedeutet,
wird die äußere Welt schließlich nicht mehr für euch
existieren. Dadurch entstehen sämtliche Anomalien,
Illusionen und Irrtümer, und ihr macht euch lächerlich. Die Materialisten dagegen vernachlässigen die
subtile Welt und behaupten sich dadurch natürlich
viel besser auf der physischen Ebene, aber sie verlieren andererseits die Möglichkeit, in ihrem Inneren schöpferisch zu werden.

Der wahre Schöpfer ist der denkende Mensch;
in den Gedanken werden die Dinge erschaffen. Auf
der physischen Ebene erschafft man nicht, man
kopiert, imitiert und bastelt. Die echte Schöpfung
findet in der geistigen Welt statt. Auch wenn die
Materialisten der Materie Befehle erteilen, sie diri-
gieren und zwingen, für sie zu arbeiten, so verlieren

sie dennoch die Königswürde des Geistes, denn sie begeben sich auf eine Ebene mit der Materie und gleichen sich ihr an, dadurch verlieren sie ihre Fähigkeit über sie zu herrschen, sie verlieren ihre magische Kraft.

Darum sage ich euch: Wenn ihr immer imstande seid, euch eurer Willenskraft, eurer Gedanken und eures Geistes zu bedienen, um alle inneren Impulse zu formen, dann werdet ihr zum Schöpfer, zu einer großartigen Kraft. Aber macht euch keine Illusionen! Nur weil euch eure Gedanken gehorchen und ihr fähig seid, innere Verwandlungen zu vollbringen, dürft ihr euch nicht einbilden, dass euch alles auf der physischen Ebene ebenso gut gehorcht. Viele können den Unterschied nicht erkennen und verlieren den Kopf, weil sie diese beiden Welten durcheinander gebracht haben. Ich sprach von den Verliebten, für die sich der Winter in Frühling verwandelt, wenn sie sich sehen dürfen. Der Frühling ist eine Wirklichkeit in ihrem Inneren, aber außen bleibt es weiterhin Winter. Wenn sie glauben, dass sie nur die Hand ausstrecken müssten – und hoppla, die Vögel singen und der Schnee schmilzt –, da können nen sie lange warten! Aber manche Spiritualisten tun genau das... sie machen sich irgendwelche Vorstellungen! Einige glauben sogar, dass sich ein Felsen öffnen wird, wenn sie bestimmte magische Worte sprechen, so wie in dem Märchen »Ali Baba und die vierzig Räuber« wo sie nur zu sagen brauchen: »Sesam öffne dich!« und schon Schätze finden, um bis an das Ende ihres Lebens im Überfluss zu leben. Nein, es ist viel vernünftiger zu arbeiten, als die Schätze auf diese Weise zu erwarten.

Gewiss, wenn ein Schüler sich täglich übt, um im inneren Bereich seiner Gedanken und Gefühle alles zu verwandeln und zu verschönern, so können die so hervorgerufenen Strömungen schließlich auch die physische Materie beeinflussen, und von diesem Augenblick an ist es ihm möglich, auch objektive Phänomene zu erzeugen. Weil alles miteinander verbunden ist, werden die Schwingungen, Teilchen, Wellen und Emanationen ausgestrahlt und durchdringen die objektive Welt, die dann ebenso strahlend und lichtvoll werden kann wie die subjektive Welt. Aber es braucht sehr viel Zeit und Übung, um das zu erreichen.

Gebt also dem Geist immer den Vorrang, und ihr werdet nicht nur über den Bedingungen stehen, sondern die Bedingungen werden sogar anfangen sich zu verändern. Denn sie sind etwas Totes und Unbelebtes und dank des Geistes, der lebendig ist, könnt ihr sie verändern. Das Leben bleibt nicht reglos und stagnierend, sondern es verändert die Dinge ununterbrochen. Nützt seine erneuernde Kraft, lasst es eingreifen, sonst bleiben die Bedingungen ewig dieselben und versperren euch den Weg.

Kapitel 10

Die Kraft der Konzentration

Die Konzentration ist eine der wichtigsten Fähigkeiten bei sehr vielen Tätigkeiten. Graveure, Chirurgen, Akrobaten usw. wissen das sehr gut. Sie alle konzentrieren sich, um ungeschickte Bewegungen zu vermeiden, die sich katastrophal auswirken könnten. Selbst die Arbeiter müssen sich konzentrieren, um zu vermeiden, dass ihnen durch die Maschinen ein Arm oder ein Bein abgeschnitten wird. Wie viele Unfälle passieren lediglich aus Geistesabwesenheit! Die Konzentration ist die Basis der Sicherheit und des Erfolges. Im Allgemeinen haben die Leute das verstanden und können es auch im Beruf verwirklichen, aber im psychischen, spirituellen Bereich sind sie noch weit davon entfernt, ihre Bedeutung nur zu erahnen.

Vielleicht habt ihr zum Spaß einmal die Sonnenstrahlen durch eine Lupe konzentriert, um ein Papier anzuzünden. Warum habt ihr dieses Phänomen nie auf den psychischen Bereich übertragen, um zu begreifen, dass die Gedanken dadurch, dass sie ausreichend lange auf einen Punkt ausgerichtet und fixiert werden, bestimmte Materialien entflammen können – symbolisch ausgedrückt. Die Lupe ist bereits ein verblüffendes Beispiel für die Kraft der Konzentration. Aber die Physiker sind noch weitergegangen mit der Entwicklung des Lasers.[1] Da das Licht von Natur aus die Tendenz zur Streuung hat, ging es nun darum, es zu bündeln. Als ihnen dies schließlich gelang, konnten sie es in den verschiedensten Bereichen anwenden, wie zum Beispiel im technischen, medizinischen oder strategischen Bereich. Nachdem nun bewiesen ist, dass das physische Licht allmächtig ist, warum sollen wir da nicht auch an die Allmacht des spirituellen Lichtes und des Denkens glauben?

Eine der besten Konzentrationsübungen, die ich euch nannte, ist die Meditation beim Sonnenaufgang. Ihr konzentriert euch auf die Sonne, ohne irgendeinen anderen Gedanken in euch einzulassen, und so verharrt ihr einen langen Augenblick in andächtiger Haltung. Wenn ihr es richtig macht, fühlt ihr euch bald gestärkt, geklärt und erfüllt. Und wenn ihr zum Beispiel ein krankes Organ habt, könnt ihr seinen Zustand erheblich verbessern, indem ihr seinen Zellen die Strahlen der Sonne sendet, Strahlen des Lichts, der Liebe, Güte, Vitalität und Freude.

Ja, ihr könnt durch die Konzentration eurer Gedanken wirklich zur Besserung eurer Gesundheit beitragen. Sicher, manche werden finden, dass man damit seine Zeit vergeudet. Wo es doch so viele Medikamente, Pillen und Heilmittel gibt und man nur den Mund aufzumachen braucht, weshalb sollte man sich also konzentrieren? Aber das ist eine schlechte Überlegung, denn auf diese passive Weise gelingt es euch nicht, euch zu entwickeln und noch weniger, wunderbare, innere Kräfte in euch auszulösen, die euch auch dann noch zu Diensten sind, wenn ihr die Erde wieder verlassen habt.

Denn ihr müsst wissen, dass eines wirklich wichtig für den Menschen ist, und das ist seine Fähigkeit, sich auf göttliche Dinge zu konzentrieren. Diese Fähigkeit ermöglicht es ihm, ganz ruhig seinen Weg zu gehen, bis in die Ewigkeit. Stellt euch vor, ihr seid beim Verlassen dieser Welt von einer schwarzen, dunklen Atmosphäre umgeben, durch die ihr weder eure Freunde, noch die Engel sehen könnt... Wer wird euch aus dieser dunklen Einsamkeit retten? Eure Fähigkeit, euch auf göttliche Dinge zu konzentrieren. Diese Fähigkeit bleibt auch nach eurem Tod bestehen, weil sie nicht vom Gehirn kommt, sondern aus dem unsterblichen Geist.

Wenn der Mensch seinen physischen Körper verlässt, bleibt diese Fähigkeit in seinem Geist bestehen, denn der Geist ist es, welcher denkt, fühlt und handelt. Er tut es mit Hilfe der Materie des physischen Körpers. Aber man darf sich nicht vorstellen, dass er nicht mehr fühlen, denken und handeln kann, wenn er sich aus diesem befreit hat. Ganz im Gegenteil, gerade dann kann er dies alles mit ganzer Kraft. Darum kann der Schüler, der daran gewöhnt ist, sich auf lichtvolle Themen zu konzentrieren, aus dem Jenseits sehr kraftvoll wirken. Es reicht aus, dass er sich auf den Herrn oder auf das Licht konzentriert, um Verwirrung und Dunkelheit zu vertreiben. Wenn er diese Fähigkeit aber nicht schon hier auf der Erde entwickelt hat, kann er sie dann auf der anderen Seite auch nicht anwenden. Darum müsst ihr euch angewöhnen, euch täglich auf die erhabensten Themen zu konzentrieren.

Der Geist ist eine großartige Kraft, aber niemand glaubt an diese Kraft und wisst ihr warum? Weil man es einmal eine Minute lang versucht hat, aber als man sah, dass sich nach dieser Minute noch nichts verändert hat, sagte man sich: »Wozu seine Zeit vergeuden? Der Geist ist machtlos, die Gedanken unwirksam.« In Wirklichkeit hat man überhaupt nichts verstanden. Man muss sich klar darüber sein, dass sowohl die Gedanken, als auch der Geist nur deshalb nichts vermögen, weil die Materie so dicht, hart und trüb geworden ist, dass es Tausende von Jahren dauert, um sie zu verändern, subtil und feinfühlend zu machen. Und nachdem man mit dieser Arbeit noch nicht begonnen hat, leistet die Materie einen starken Widerstand.

Wenn der Mensch bereits in dieser Richtung gearbeitet hätte, wäre jetzt sein physischer Körper viel
lenkbarer und durchlässiger für die Gedanken und
leicht zu erziehen. Diese Arbeit hätte es dem Licht,
dem Geist ermöglicht, die Materie zu durchdringen. Aber so bleiben die physische Realität und die
materiellen Bedingungen im Moment noch mächtiger. Denn die in die Irre geführten Menschen halten sich mit dem äußeren Schein auf, sie vermögen die Welt des Geistes, den Himmel, die Gottheit
weder zu sehen, noch zu fühlen.

Um auf die Wirksamkeit der Konzentration
zurückzukommen: Man sagt, dass es in Indien
Fakire gibt, die durch jahrelange Konzentrationsübungen so machtvoll auf jene ätherische Quintessenz (in Sanskrit »Akasha« genannt) einwirken können, dass sie in der Lage sind, in kürzester
Zeit ein Samenkorn zum Sprießen zu bringen. Die
Pflanze wächst, blüht und trägt innerhalb von einigen Stunden Früchte, die reif und schmackhaft sind
und die man essen kann. Das erscheint unmöglich,
und doch ist es eine gut erklärbare Realität. Die
Fakire haben mit der Akasha-Essenz gearbeitet,
um mit ihrer Hilfe auf die in den Samenkörnern
enthaltenen Muster einzuwirken. Denn jeder Baum
hinterlässt in seinem Samen eine Art ätherisches
Muster, es ist die Synthese seiner verschiedenen
Charakterzüge. Im Samen sind alle Eigenschaften des Baumes zusammengefasst und aufgezeichnet. Form, Größe, Farben, negative oder heilende

Eigenschaften sind im Samen potenziell enthalten, aber damit sie sichtbar werden, muss der Same gepflanzt und begossen werden. Die Natur selbst bringt dann den Baum langsam und schonend im Laufe der Jahre zur Reife.

Aber diese Entwicklung kann beschleunigt werden. Ja, wenn es einem durch Konzentration gelingt, die Kräfte des Lichtes, der Wärme und des Lebens, die aus der Sonne, der Atmosphäre und der Erde selbst kommen, zu verstärken, um so den Samen schneller zu ernähren als dies die Natur sonst macht, dann kann man das Wachstum der Pflanze beschleunigen. Ihr seht, das ist klar und einfach. Derjenige also, der mit der Akashakraft umzugehen weiß, mit dieser Quintessenz, in der alle für das Wachstum der Pflanze notwendigen Elemente enthalten sind (Vitalität, Wärme, Licht, Magnetismus, Elektrizität), der verstärkt diese Kraft und beschleunigt die Entwicklung der Muster. Wenn es sich zum Beispiel um einen Mangokern handeln würde, so stünde man einige Stunden später vor einem Mangobaum voller Früchte, die alle kosten könnten.

Aber das Interessanteste daran ist zu wissen, dass es auf der spirituellen Ebene denselben Vorgang gibt. Auch hier können wir gewisse Fähigkeiten in uns sehr viel schneller entwickeln. Diese Fähigkeiten entwickeln sich, auch wenn wir nichts tun, ganz einfach durch den Lauf der Dinge, aber nur in Millionen von Jahren, und es wäre schade, so lange zu

warten. Der Schöpfer hat in uns viele Samen ein-
gepflanzt, Samen der verschiedensten Arten, das
heißt Eigenschaften, Fähigkeiten und Begabungen,
die noch nicht zum Vorschein gekommen sind. Sie
sind wie Keime, die noch nicht beleuchtet, gewärmt
und begossen wurden. Seht, obgleich die Erde im
Winter von den verschiedensten Samen angefüllt
ist, treibt keiner aus, denn es gibt nicht genügend
Wärme und Licht. Sie warten also. Aber mit dem
Frühling kommt erneut sehr viel Wärme und Licht,
und alle Keime, die bis dahin im Verborgenen
geblieben waren, sprießen und wachsen. Ihr werdet
sagen: »Das wissen alle, selbst die Kinder.« Ja, aber
wenn es darum geht, diese Phänomene auf den spirituellen Bereich anzuwenden, ist man immer noch
unglaublich unwissend.

Und wenn ihr fragt: »Wie sehen wir, dass die
von Gott gegebenen Keime und Qualitäten in uns
etwas Wirkliches sind?« dann antworte ich euch:
indem ihr zur Sonne geht. Von ihr werden sie
gewärmt und an den Tag gebracht. Wenn ich von
der Sonne spreche, meine ich natürlich zuerst die
spirituelle Sonne und danach die physische. Die
Sonne der physischen Welt zeigt uns, wie die Dinge
im spirituellen Bereich ablaufen. Aber nachdem
die Menschen nicht daran glauben, dass die spirituelle Sonne die Macht besitzt, die in ihnen verborgenen Fähigkeiten und Tugenden hervorbringen zu
können, finden sie, dass sie es nicht nötig haben,
sich ihrem Licht und ihrer Wärme auszusetzen. Es

ist also nicht verwunderlich, dass auf ihrer »Erde« nichts wächst. Sie bleiben im Dunkeln und in der Kälte, sie zittern und sind unglücklich. Warum nähern sie sich nicht der spirituellen Sonne, dem Herrn, um sich daran zu freuen, wie all die kleinen Keimlinge in ihrem Garten wachsen und sprießen?[2]

Versucht von heute an die Konzentration zu erlernen, um eine spirituelle, göttliche, machtvolle Kraft auszulösen. Ihr müsst unbedingt jetzt mit der Arbeit beginnen, wenn ihr wollt, dass sich das, was ihr bisher erreicht habt, in der spirituellen Welt fortsetzt. Und dort, wie ich euch bereits erklärt habe, ist die Materie nicht mehr so dicht und fest, dort ist sie durchlässig und nachgiebig, sie ordnet sich unter und nimmt die Form, die Dimensionen und die Farben der Gedanken an. Mit dieser subtilen Materie kann man alles machen.

Nehmt also die Konzentration als eine außerordentlich wichtige Übung und richtet euch täglich auf die spirituellsten Themen aus. Ihr werdet bald die Wirkung spüren, denn anstatt immer in denselben Leiden und Schwierigkeiten stecken zu bleiben, werdet ihr mehr und mehr wachsen, euch befreien, und euer Leben wird voll Harmonie, Licht und Frieden sein.

Anmerkungen

1. Siehe Band 31 der Reihe Gesamtwerke »Leben und Arbeit in einer Einweihungsschule«, Kapitel 10: »Die Allmacht des Lichts«.
2. Siehe Band 308 der Reihe Broschüren »Das Osterfest«.

Kapitel 11

Die Grundlagen der Meditation

Teil 1

Im Allgemeinen ist die Meditation beim Menschen eine eher wenig verbreitete Gewohnheit. Dann und wann, wenn er Schwierigkeiten und Probleme zu lösen hat oder wenn er leidet, wird er nachdenklich und beginnt zu überlegen, weil er eine Lösung finden muss. Aber das kann man noch nicht Meditation nennen. Das ist nur eine instinktive, natürliche Reaktion gegenüber Gefahr oder Unglück. Ja, in solchen Augenblicken sucht der Mensch instinktiv nach einer Zuflucht durch die innere Sammlung und beginnt sogar zu beten, indem er sich einem Wesen zuwendet, das er vernachlässigt hatte, weil für ihn zuvor alles gut ging. Jetzt geht er wieder auf dieses Wesen zu, er sucht Es, denn er erinnert sich daran, dass, als er klein war, ihm seine Eltern gesagt haben, dass Es allmächtig, allwissend sei und nur Liebe. Also wendet er sich jetzt dorthin und bittet, mit einem Gefühl von außergewöhnlicher Kraft, in größter Demut um Hilfe und Beistand. Ja, aber dafür bedarf es ungewöhnlicher Situationen wie Gefahr, Krieg, Krankheit oder Tod.

Im normalen Leben, wenn sie ruhig und glücklich leben, haben die Leute überhaupt keine Lust zu beten oder zu meditieren. Sie betrachten diese Übung gar nicht als notwendig, ja, sie sehen nicht einmal, wozu sie nützlich sein soll. Wenn alles gut geht, denken sie, dass es nicht nötig sei, sich in den nebelhaften, verschwommenen Regionen der Meditation zu verlieren. Aber im Unglück und in großen Schwierigkeiten, wenn sie sehen, dass ihnen nichts Konkretes, Materielles mehr helfen kann, dann suchen sie nach einem inneren Halt, nach Hilfe und Schutz in den himmlischen Regionen. Das ist gut, aber sie würden diese Unterstützung leichter finden, wenn sie nicht auf außergewöhnliche Gelegenheiten gewartet hätten, um den Himmel anzuflehen, sondern wenn sie gelernt hätten, die Meditation zu ihrer täglichen Übung zu machen. Ohne Meditation ist es weder möglich sich zu kennen, noch Herr seiner selbst zu werden, noch Qualitäten und Tugenden zu entwickeln. Und gerade weil sie der Meditation nicht den Vorrang gaben, bleiben die Menschen in ihrem inneren Erleben, in ihren Gefühlen und ihrem Streben sehr schwach.

Gewiss, man darf sich keine Illusionen machen, denn es ist sehr schwierig zu meditieren. Solange man sich prosaischen Beschäftigungen oder Leidenschaften hingibt, kann man nicht meditieren. Man muss versuchen, sich innerlich zu befreien, um seine Gedanken bis hin zum Ewigen senden zu können. Ich sah, wie Leute jahrelang meditierten, aber sie vergeudeten ihre Zeit oder kamen aus dem Gleichgewicht, weil sie nicht wussten oder nicht wissen wollten, dass man, um zu meditieren, bestimmte Bedingungen erfüllen muss. Solange man innerlich nicht frei ist, kann man nicht meditieren. Wie viele Menschen gibt es aber, die krumme Geschäfte machen, stehlen, trinken oder mit jedem Nächstbesten schlafen und danach... »meditieren«! Nein, das ist nicht möglich, denn die Art und Weise ihres Tuns erlaubt das nicht: Es hält die Gedanken in den niederen Regionen fest.

Ich weiß, Meditation kommt immer mehr in Mode, aber das erfreut mich ganz und gar nicht, denn ich sehe da eine Menge armer Unglücklicher, die sich auf ein Gebiet einlassen, das sie nicht kennen. Wie wollt ihr meditieren, wenn ihr kein hohes Ideal habt, das euch aus euren Launen, Ausschweifungen, Vergnügungen und Gelüsten herausholt, um euch dem Himmel entgegenzuführen? Bevor ihr nicht bestimmte Schwächen besiegt und gewisse Wahrheiten verstanden habt, könnt ihr nicht meditieren; und nicht nur das, es ist außerdem noch gefährlich, es zu versuchen.

Manche schließen die Augen und nehmen die Meditationshaltung ein, aber was geschieht in ihrem Inneren? Gott weiß, wo sie sind. Wenn ihr euch in ihren Kopf versetzt, um nachzusehen, bemerkt ihr, dass sie schlafen, die Armen! Das ist dann tiefe Meditation. Man geht jetzt sogar so weit, öffentliche Vorführungen von Meditation zu veranstalten! Das ist lächerlich. Was für eine Meditation kann man schon vor einem Publikum machen? Es ist möglich, aber man muss dazu so weit fortgeschritten und befreit sein, dass man fähig ist, überall und in jedem Moment zu meditieren, weil der Geist ununterbrochen mit der göttlichen Welt verbunden ist. Eine derartige Liebe aber für die göttliche Welt zu haben, setzt eine außergewöhnliche Entwicklung voraus, was bei denjenigen, die diese Meditations-Vorführungen machen, nicht der Fall ist.

Wenn ihr eine Vorstellung davon bekommen wollt, wie die meisten Leute meditieren, dann betrachtet eine Katze: Die Katze meditiert vor dem Mauseloch. Ja, sie meditiert da stundenlang darüber, wie sie sie fangen soll. Das bedeutet Meditation für die meisten: Sie meditieren über irgendeine Maus... eine Maus mit zwei Beinen!

Die Meditation ist keine so leichte Übung wie man sich das vorstellt. Man muss sehr fortgeschritten sein dafür, und vor allem eine sehr große Liebe für die göttliche Welt haben. Dann sind eure Gedanken ohne jegliche Anstrengung bereits konzentriert und ihr meditiert sogar wie von selbst. Eure Gedanken sind so befreit, dass sie sich, fast ohne euer Zutun, aufschwingen zu ihrer Arbeit.

Einige haben mir bereits gesagt: »Ich versuche seit Jahren zu meditieren, aber mein Gehirn blockiert sich und ich kann nichts erreichen.« Warum ist das so? Weil sie nicht verstanden haben, dass kein Moment aus ihrem Leben isoliert existieren kann, sondern verbunden ist mit allen anderen, ihm vorhergegangenen Momenten, die man Vergangenheit nennt. Sie haben nicht begriffen, dass ihre Vergangenheit sie beschwert und behindert. Da sie aber trotzdem meditieren wollen, zwingen sie ihr Gehirn dazu und es blockiert. Nichts zu machen. Es kam ihnen nie die Idee, sich zu sagen: »Ich will meditieren, also muss ich mein Gehirn und meinen Organismus darauf vorbereiten. Ich muss alles in Ordnung bringen, um die Voraussetzungen für diese Arbeit zu schaffen.« Stellt euch vor, ihr habt euch mit jemandem gestritten. Am nächsten Tag wollt ihr meditieren, aber da taucht auch die alte Vergangenheit wieder auf und ihr müsst ständig denken: »Aha, das hat er also gesagt, na ja, und das auch noch. Wenn ich dem wiederbegegne, wird er was erleben!« Das ist also das Thema, um das sich eure Meditation drehen wird, Streitigkeiten und Durcheinander! Anstatt sich in göttliche Regionen zu erheben, wühlt

man die ganze Vergangenheit auf und lässt sie
vorüberziehen, wieder und wieder... ein ganzes
Gefolge von Gesichtern und Ereignissen taucht
auf, und man wird es nicht mehr los. So geht das
jahrelang und man erreicht nichts.[1]

Der Mensch kann allmächtig werden, doch
nur unter der Bedingung, bestimmte Dinge zu
wissen, insbesondere, dass jeder Augenblick des
Lebens mit den ihm vorausgehenden Augenblicken verbunden ist. Das wollte Jesus sagen, als
er den Rat erteilte, sich nicht um morgen zu kümmern. Ja, denn wenn ihr heute euer Leben ordnet,
werdet ihr morgen frei sein: Ihr könnt dann über
euch verfügen wie ihr wollt, eure Gedanken auf die
gewünschten Themen konzentrieren, weil ihr am
Vortage alles erledigt habt. Habt ihr jedoch nichts
erledigt, dann seid ihr am nächsten Tag behindert
und müsst herumlaufen, um die Schwächen oder
Fehler der Vergangenheit wiedergutzumachen. Ihr
seid also weder frei, um in der Gegenwart zu arbeiten, noch um die Zukunft zu erschaffen.

Wenn der aufgeklärte Schüler also meditieren
will, bereitet er sich zuerst vor. Er reinigt sich und
beschwert sich nicht mit allen möglichen unnüt-
zen Beschäftigungen, sondern er versucht, nur den
einen ganz großen Wunsch zu haben, sich zu vervollkommnen, um den anderen helfen zu können,
um ein Beispiel und Vorbild zu sein und ein Sohn
Gottes. Er ist ganz von dem erhabenen Wunsch

beseelt, den Willen Gottes zu erfüllen, so wie Jesus es von uns in den Evangelien verlangt. Aber um die Gebote Jesu zu erfüllen, genügt es nicht nur zu hoffen und zu wünschen, sondern es bedarf auch gewisser Kenntnisse. Es gibt viele, die wünschen, aber sie erreichen nichts, weil sie nicht wissen, wie man vorgehen muss. Jemand hat den Wasser- oder Gashahn offen gelassen oder er hat das Baby in der Badewanne vergessen, und wenn er dann meditiert, erinnert er sich daran! Was ist das dann für eine Meditation!

Ihr müsst euch also zuerst darauf vorbereiten und wenn ihr, was euren Körper, eure Gedanken und eure Gefühle betrifft, frei seid, wenn ihr euch endlich aus dem Gefängnis des Alltags befreien konntet, werdet ihr anfangen euch innerlich zu erheben: Ihr fühlt, wie ein neues, weites, großzügiges, tiefes Leben euch durchströmt und ihr seid so geöffnet und erfreut, dass ihr euch in eine andere Region erhebt. Eine Region, die in Wirklichkeit in euch selbst ist: Ja, dieses himmlische Leben fließt in eurem Inneren, und für einen Augenblick ist es euch endlich gelungen, das wahre Leben zu leben. Auf diese Weise beginnt die göttliche Welt in euch zu erwachen und ihr könnt sie nie mehr vergessen. Ihr habt die Gewissheit, dass die Seele eine Realität ist, dass die göttliche Welt existiert und dass sie von unzähligen Wesen bevölkert ist. Woher kommt diese Gewissheit? Daher, dass es euch gelungen ist, noch unbekannte, mächtigere und segensreichere Kräfte auszulösen, während ihr vorher in ein Räderwerk feindlicher Kräfte eingebunden wart, die euch bis zur Vernichtung aussaugten.

Das ist es, was die Eingeweihten zu allen Zeiten wussten und uns lehrten. Die Meditation ist eine psychologische, philosophische Frage, ein kosmischer Akt von allerhöchster Bedeutung. Wenn der Schüler den Geschmack dieser übergeordneten Welt einmal gekostet hat, verstärkt sich seine Überzeugung, und er fühlt, dass ihm seine Fähigkeiten zu gehorchen beginnen. Wenn er seine Gedanken in Bewegung setzen will, begeben sie sich auf den Weg, und wenn er sie anhalten will, halten sie an. Es ist, als hätten sich alle Zellen des gesamten Organismus entschieden sich unterzuordnen. Solange er diese Meisterschaft noch nicht innehat, benötigt er Stunden um Stunden, um zur Ruhe zu kommen, denn seine Zellen hören nicht auf ihn, sie bleiben in Aufruhr und sagen ihm: »Glaub nicht, dass du uns Angst machst! Wir machen uns lustig über dich, wir zittern nicht vor dir und haben keinerlei Respekt vor dir, denn du hast uns bewiesen, dass du zu dumm und unwissend bist«, und sie tun und lassen was ihnen gefällt. Ihr könnt alle ein Lied davon singen, nicht wahr? Aber es gibt Tage, an denen sie euch gehorchen, weil ihr, ob zufällig oder bewusst, höher gestiegen seid und übergeordnete Kräfte ausgelöst habt. Ihr seid zu einer

Autorität geworden, und nachdem die Zellen die Hierarchie anerkennen, gehorchen sie ihrem Vorgesetzten, ihrem Meister.[2]

Übrigens läuft im Leben alles so ab. In den Büros, in den Verwaltungen, in der Armee hat jeder die Tendenz nach oben zu wollen, auf eine höhere Sprosse, um Direktor, Präsident, Vorsitzender oder General zu werden, weil ihm dann die anderen gehorchen und sich vor ihm verneigen. Vor allem wenn er seine kleinen Orden und Auszeichnungen hat, auch wenn er ein Dummkopf oder Halsabschneider ist, das macht nichts, man gehorcht ihm. Woher kommt dieser Sinn für die Hierarchie? Nicht von den Menschen, denn sie haben nicht die Möglichkeit, auch nur das Geringste zu erfinden. Sie können lediglich durch Intuition, durch Herantasten oder mit Hilfe des Instinktes entdecken, was in der Natur bereits existiert. Überall in der Natur existiert eine Hierarchie: Im Himmel sind es die Sterne und Konstellationen, auf der Erde die Flüsse, Berge, Bäume und Tiere, und selbst im Menschen ist alles hierarchisch angelegt.

Nachdem man also sehr gut weiß, dass man immer erst einige Sprossen aufsteigen muss, um Chef zu werden und sich bei den anderen durchsetzen zu können, warum versteht man nicht, dass man auch im spirituellen Bereich einen Grad höher steigen muss, damit die inneren Bewohner gehorchen? Es ist das gleiche Prinzip, die gleiche Regel. Und wonach die Eingeweihten trachten, ist, dass ihnen im Inneren alles gehorcht. Sie verlangen nicht danach, die Berge, die Sterne, die Tiere oder die Menschen zu beherrschen, sondern sie wollen sich selbst beherrschen, ihren Körper, ihre Gedanken, ihre Gefühle und sie arbeiten, um dies zu erreichen.

Alle spirituellen Übungen, wie auch die Meditation, ermöglichen dem Menschen immer mehr, diesen Behinderungen, diesem Gefängnis und diesen Ketten zu entrinnen, die ihn an die niedere Welt fesseln. Wie viele wurden da bereits hineingezogen! Sie waren unaufgeklärt und ließen sich abgleiten, bis sie schließlich in dieser schrecklichen Welt landeten. Man nannte sie Hölle oder Teufel. Nennt es wie ihr wollt, aber es ist eine reale Welt. Und viele sind im Begriff, sich in ihr zu verlieren, weil sie sich der heilenden Methoden, welche die Einweihungswissenschaft lehrt, nicht bedienen wollten. Sie hielten sich für sehr intelligent, aber in Wirklichkeit waren sie hochmütig und starrsinnig, und da sind sie jetzt gelandet!

Die Meditation ist die einzige Möglichkeit, um sich aus Verwirrungen und Ängsten zu befreien. Aber ich sagte euch bereits, um meditieren zu können, muss man zuvor eine Reihe bestimmter Dinge geregelt haben. Wenn zum Beispiel eine Mutter einen Kuchen backen will und ihre Kinder sie nicht in Ruhe lassen, sich an sie hängen und an ihrer Schürze zerren, dann kann sie nichts machen. Um in Ruhe gelassen zu werden, muss sie sie zum Schlafen ins Bett bringen. Das Gleiche gilt für uns. Wir haben in unserem Inneren auch Kinder, und was für eine großartige Schar! Diese überschwänglichen Kinder muss man aber zum Schlafen bringen, wenn man arbeiten will. Wenn die Arbeit dann getan ist, geht man wieder zu ihnen und verteilt den Kuchen![3]

Wenn man meditieren will, muss man die Natur der psychischen Arbeit kennen. Man darf zum Beispiel niemals vom Gehirn verlangen, sich plötzlich auf ein Thema zu konzentrieren, denn damit vergewaltigt man die Nervenzellen, man blockiert sie und bekommt Kopfschmerzen. Das Erste, was man tun muss, ist, sich zu entspannen und sozusagen passiv zu bleiben, indem man die Beruhigung aller Zellen beobachtet. Gewiss, ohne Übung wird das nicht sofort gelingen, aber später bedarf es dann nur noch einiger Sekunden. Zuerst muss man also mit Sanftmut, Frieden und Liebe arbeiten und vor allem nichts erzwingen wollen. Das ist das Geheimnis einer guten Meditation. Wenn ihr dann fühlt, dass euer Nervensystem empfänglich und gut aufgeladen ist (denn diese passive Haltung erlaubt dem Organismus sich aufzuladen), könnt ihr eure Gedanken auf das gewünschte Thema lenken.

Um täglich unermüdlich zu arbeiten, um jeden Tag bereit, aktiv, dynamisch und verfügbar zu sein, um große Aufgaben zu realisieren, muss man mit seinem Gehirn umgehen können. Das ist äußerst wichtig. Wenn ihr eure spirituellen Aktivitäten viele Jahre lang fortsetzen wollt, dann seid von nun an achtsam. Stürzt euch nicht plötzlich auf ein Thema, auch wenn ihr es noch so liebt, denn das ruft heftige Reaktionen hervor. Beginnt sanft und mit Ruhe. Taucht in den kosmischen Ozean der Harmonie ein, um Kräfte zu schöpfen. Und wenn ihr euch schließlich aufgeladen fühlt, dann fangt an und schwingt euch zu einer Arbeit auf, an der euer ganzes Wesen teilnimmt. Ja, denn nicht allein euer Intellekt soll für diese spirituelle Arbeit mobilisiert werden, sondern auch euer ganzer Körper und das gesamte Volk eurer Zellen.

Versucht also im ersten Moment nicht zu denken, lenkt nur eure Aufmerksamkeit auf euer Innenleben, um zu sehen, ob alles gut funktioniert. Aber kümmert euch auch um die Atmung. Atmet regelmäßig, denkt an nichts, fühlt einfach, dass ihr atmet, habt nur das Bewusstsein und die Empfindung zu atmen. Ihr werdet sehen, wie diese Atmung einen harmonischen Rhythmus in eure Gedanken, in eure Gefühle und in euren ganzen Organismus bringt. Das wird sehr segensreich sein.[4]

Manche werden sagen: »Also ich weiß nicht, was Meditation ist, und ich will es auch nicht wissen. Ich werde opferbereit und wohltätig sein und den anderen helfen, das reicht.« Nein, das reicht nicht, denn im Handeln kann man Gesetze übertreten. Wenn man nicht mit der Meditation beginnt, kann man alles verwirren und zerstören. Warum? Weil euch nur die Meditation eine klare Sicht darüber vermitteln kann, wem, wie und in welchem Bereich ihr helfen sollt.

Man kann über alle möglichen Themen meditieren: über die Gesundheit, die Schönheit, den Reichtum, die Intelligenz, die Macht, die Herrlichkeit... über die Engel, die Erzengel und alle Hierarchien. Alle Meditationsthemen sind gut, aber das beste ist, über Gott selbst zu meditieren, um von Seiner Liebe, Seinem Licht, Seiner Kraft erfüllt zu werden und einen Augenblick in Seiner Ewigkeit zu leben... und zu meditieren mit dem Ziel, Ihm zu dienen, sich Ihm unterzuordnen und sich mit Ihm zu vereinen. Es gibt keine mächtigere und segensreichere Meditation. Alle anderen Meditationen haben Gewinn und Profit als Motivation und den Wunsch, die okkulten Kräfte für die eigene Bereicherung und zur Unterwerfung der anderen zu benutzen. Die Eingeweihten haben begriffen, dass das Vorteilhafteste gerade darin besteht, nicht ihren persönlichen Vorteil zu suchen, sondern nur ein Diener Gottes werden zu wollen. Alles andere ist mehr oder weniger schwarze Magie und Hexerei. Aus diesem Grund mischen die meisten Okkultisten, ohne es zu wissen, in der Hexenkunst mit. Sie bedienen sich der unsichtbaren Kräfte, um Vorteile herauszuschlagen, zu dominieren, um Frauen zu faszinieren, aber nicht, um Gott zu dienen. Ihr seht, es gibt in der Meditation viele Grade.

Trotzdem muss man natürlich mit erreichbaren Themen beginnen. Der Mensch ist so geschaffen, dass er seiner Natur nach nicht in einer abstrakten Welt leben kann. Er muss sich also zuerst an sichtbare, greifbare Dinge halten, die ihm nahe stehen und die er liebt. Wenn man lange nicht gegessen hat, ist es sehr leicht, sich auf die Nahrung zu konzentrieren. Ohne es zu wollen, ist man bereits wie die Katze vor dem Mauseloch. Es ist nicht mehr nötig sich anzustrengen, die Konzentration ist ganz von selbst vorhanden. Oder schaut auch, wie sich der Junge auf das Mädchen konzentriert, das er liebt! Ja, stundenlang, tagelang. Weil er es liebt, muss auch er sich dazu nicht weiter anstrengen. Was für eine Meditation! Er kann sich gar nicht mehr losreißen.

Beginnt also über das zu meditieren, was ihr liebt. Später lasst ihr es dann beiseite, aber zuerst müsst ihr das nehmen, was euch gefällt und anspricht... wobei ihr natürlich trotzdem immer spirituelle Themen wählen sollt. Indem ihr zu Beginn Themen auswählt, die euch gefallen, entwickelt ihr in euch bereits eine Fähigkeit und eine Arbeitsmethode, und später könnt ihr dann diese Themen verlassen, um euch entfernteren und abstrakteren Regionen zuzuwenden. Wenn ihr natürlich damit beginnt, euch auf Raum, Zeit und Ewigkeit zu konzentrieren, werdet ihr nicht sehr weit kommen. Später könnt ihr euch sogar auf die Leere, den Abgrund, das Nichts konzentrieren, beginnt jedoch mit nahe stehenden Themen. Erst mit fortschreitender Übung könnt ihr euch dann abstrakteren Bereichen zuwenden.

Ich wiederhole jedoch, die wunderbarste Meditation besteht darin, mit Gott zu kommunizieren, sich Ihm unterzuordnen in dem Wunsch, Ihm dienen zu wollen und nur noch ein Instrument in Seinen Händen zu sein. In dieser Vereinigung werdet ihr von allen göttlichen Qualitäten durchdrungen, von Seiner Kraft, Seiner Liebe, Seiner Weisheit, Seiner Unendlichkeit, und eines Tages werdet ihr selbst ein göttliches Wesen. Einige werden jetzt sagen: »Was für ein Hochmut, ein göttliches Wesen werden zu wollen!« Aber sie sollten die Evangelien lesen! »Seid vollkommen, wie euer Vater im Himmel vollkommen ist« (Mt 5,48)[5], sagte Jesus. Es existiert kein höheres Ideal, und es war Jesus, der es uns gab, aber die Christen haben es vergessen. Viele glauben, dass es ausreicht, ab und zu in die Kirche zu gehen und eine Kerze anzuzünden. Anschließend gehen sie nach Hause und kümmern sich um ihren kleinen Hühnerstall, und das ist dann schon alles, schon sind sie gute Christen. Welch ein großartiges Ideal! Damit wird das Reich Gottes gewiss bald auf die Erde kommen. Oh, arme Christenheit, man hält sich strengstens an die vernünftige Regel, ja nicht zu viel vom Menschen zu verlangen, sonst wäre es Hochmut. Aber ich sage das Gegenteil: Man muss das allerhöchste Ideal in sein Herz, in seine Seele und in seinen Geist legen. Und dieses Ideal ist, ein vollkommenes Instrument in Gottes Händen zu werden, damit Gott durch uns denkt, fühlt und handelt. Ihr überlasst euch dem Willen der Weisheit, des Lichtes, ihr steht im Dienste des Lichts und das Licht, das alles weiß, wird euch führen.

Aber der Mensch ist auch auf der Erde, und was soll er auf dieser Erde machen? Jesus hat gesagt... ihr seht, ich beziehe mich immer wieder auf das, was Jesus gesagt hat. Er hat alles gesagt, warum also sollte man nach ihm noch etwas dazu erfinden? Er sagte: »Wie im Himmel, so auch auf Erden.« Auf der Erde wie im Himmel, das heißt, dass die Erde den Himmel widerspiegeln soll. Und diese Erde ist unsere Erde, unser physischer Körper. Nachdem man also gearbeitet hat, um den Gipfel zu erreichen, muss man herabsteigen, um im physischen Körper alles zu organisieren. Die Unsterblichkeit ist oben, das Licht ist oben, Harmonie, Friede, Schönheit, alles Feine, Subtile ist oben; und alles was oben ist, muss sich unten, auf der physischen Ebene inkarnieren. Verlangt danach, ein Diener Gottes zu werden und arbeitet gleichzeitig daran, in euch jenen anderen Leib zu bilden, den man den Leib des Lichtes, der Glorie, der Unsterblichkeit, den Leib Christi nennt. Dieser Leib ist auch in den Evangelien erwähnt, nur haben sich die Christen damit nicht beschäftigt, denn sie vertiefen die Evangelien nicht. Das interessiert sie nicht, und sie sind alles außer wirkliche Christen.

Ihr werdet sagen, dass die Beschäftigung mit der Erde kein großartiges Ideal sei, wogegen die Hindus... Ja, die Hindus und die Buddhisten trachten nur danach, die Erde zu verlassen, dieses Tal der Qualen, Kriege und Nöte. Ich weiß, das ist ihre Philosophie, aber das ist nicht die Philosophie des Christus. Die Philosophie Christi heißt, den Himmel auf die Erde herabzubringen, sie heißt, das Reich Gottes und seine Gerechtigkeit auf der Erde zu verwirklichen. Jesus hat für dieses Reich gearbeitet, und er forderte seine Jünger auf, das Gleiche zu tun. Hier müssen wir also arbeiten, indem wir bei unserem physischen Körper beginnen. Das ist die wahre Philosophie. Wie die anderen das verstanden haben, interessiert mich nicht.

»Dein Wille geschehe wie im Himmel, so auf Erden...« Aber wo sind die Arbeiter? Die Menschen haben eine andere Philosophie in ihrem Kopf, deshalb kommen sie immer wieder auf diese Erde zurück, bis sie aus ihr einen Paradiesgarten gemacht haben. Dann erst werden sie sie verlassen und auf andere Planeten gehen und die Erde den Tieren überlassen, die sich ebenfalls entwickeln werden. Ihr seid erstaunt, nicht wahr? Die Menschen wurden auf die Erde geschickt wie Arbeiter auf eine Baustelle, aber sie kümmern sich nicht darum, und anstatt zu arbeiten, amüsieren sie sich. So darf man aber seine Pflicht nicht vergessen, sondern man muss sich täglich damit befassen, die Erde in ein Paradies zu verwandeln. Dann wird der

Herr sich kundtun. Er wird sagen: »Ihr wart gute
Arbeiter auf meinem Feld. Kommt also und tretet
ein in das Reich meiner Freude und meiner Herrlichkeit.« In den Evangelien spricht Jesus auch von
Arbeitern, die auf ein Feld geschickt wurden. Und
das sind wir, ja, wir sind diese Arbeiter. Und was
haben wir gesät? Wo haben wir gearbeitet?

Ihr kennt ebenfalls das Gleichnis des Dieners
und der Talente, das ist dieselbe Idee. Der Diener wurde bestraft, weil er seine Talente vergraben
hatte. Diesen schlechten Diener stellen jene dar,
die nie eine Arbeit machten und nur daran dachten,
sich zu amüsieren, zu bereichern und auf der Erde
besser zu leben. Das hat mit der Philosophie Christi
nichts zu tun. Man hat uns auf die Erde geschickt,
um zu arbeiten. Anschließend gibt uns der Herr
alles, ja, das ganze Universum wird uns gehören.
Wenn ich aber sehe, wie viele so genannte Spiritualisten, Okkultisten und Mystiker ihre irdische
Existenz auffassen, werde ich traurig. Sie heiraten,
haben Kinder, geben Empfänge, essen und trinken
genauso wie die gewöhnlichsten Menschen. Und
wo bleibt die Arbeit, für die man sie auf die Erde
sandte? Nirgends. Auch ihr werdet sehen, wenn ihr
in euch geht, dass das, was ihr tut, mit der Philosophie Christi nichts gemeinsam hat.

Somit habe ich euch heute die zwei besten
Meditationsthemen gegeben: zum einen, wie man
sich dem Dienst Gottes vollkommen weihen kann,
und zum anderen, wie man den Himmel hier auf

der Erde verwirklichen, konkretisieren und materialisieren kann. Der Sinn des Lebens ist in diesen beiden Aktivitäten enthalten, und alles, was sich außerhalb davon befindet, hat gewiss auch eine Bedeutung, aber keine göttliche. Gott hat den Menschen nach seinem Bilde erschaffen, Er schuf ihn, damit er Ihm gleich werde. Wenn ihr mir nicht glaubt, dann fragt Ihn! Mein ganzes Leben habe ich nach dem Besten gesucht, und ich habe es gefunden. Aber »finden« bedeutet nicht, dass man dann die Hände in den Schoß legt und nichts mehr tut. Gerade dann muss man mit der Arbeit beginnen, denn das, was man gefunden hat, muss man auch hier auf der Erde verwirklichen, so wie es im Himmel bereits existiert. Dass in Gedanken bereits vieles realisiert wurde, reicht nicht aus. Es muss auch auf der physischen Ebene verwirklicht werden, und das ist langwierig und schwer.

Es gäbe noch vieles hinzuzufügen, aber das reicht für heute. Es gilt die Bedeutsamkeit der Meditation zu begreifen, und vor allem, dass ihr, um Resultate zu erlangen, eure Gedanken, eure Gefühle und eure Handlungen überwachen müsst, das heißt, die ganze Art und Weise wie ihr lebt. Beginnt damit, über einfache und erreichbare Themen zu meditieren, um dann nach und nach zu den göttlichsten Themen vorzudringen, und eines Tages werdet ihr nur noch dafür arbeiten, ein Instrument in Gottes Händen zu werden und den Himmel auf Erden zu verwirklichen. Es gibt nichts

Wunderbareres, nichts Göttlicheres. Das ist die Erfüllung aller göttlichen Gesetze, aller Weisheit.

Vergesst niemals, dass ihr durch die Meditation alle Möglichkeiten habt, eurem inneren Wesen einen Weg zu bahnen, diesem mysteriösen, subtilen Wesen, auf dass es hervorkommen und sich entfalten kann und Einblick in den unendlichen Raum erhält, um all diese Wunder aufzuzeichnen und sie anschließend auf der physischen Ebene zu realisieren. Die meiste Zeit dringt das, was dieses Wesen in uns sieht und kontempliert, nicht bis zu unserem Bewusstsein vor. Doch wenn man diese Übung oft wiederholt, werden seine Entdeckungen nach und nach bewusst. Damit lässt sich ein Schatz in uns nieder, der uns für immer gehören wird.

Man muss Geschmack finden an der Meditation. Sie muss unsere Gedanken, unser Herz und unsere Willenskraft durchdringen als ein Bedürfnis, eine Freude, ohne die unser Leben keine Würze und keinen Sinn mehr hat. Ihr müsst jenen Moment, in welchem ihr endlich in die Ewigkeit eintaucht und das Elixier der Unsterblichkeit trinkt, mit Ungeduld erwarten. Diese Freude und Ungeduld sehe ich noch nicht bei euch. Man muss sein wie ein Trinker, der nur an den Wein denkt und sich im Augenblick der Meditation sagen: »Endlich können meine Seele, mein Geist und mein Herz wenigstens für einen Augenblick das Universum umfassen und der Unendlichkeit von Angesicht zu Angesicht begegnen.«

Anmerkungen

1. Siehe Band 229 der Reihe Izvor »Der Weg der Stille«, Kapitel 8: »Die Stille, Voraussetzung für das Denken« und Kapitel 9 »Suche nach der Stille, Suche nach dem Zentrum«.

2. Siehe Band 211 der Reihe Izvor »Die Freiheit, Sieg des Geistes«, Kapitel 9: »Über den Begriff der Hierarchie«.

3. Siehe Band 12 der Reihe Gesamtwerke »Die Gesetze des kosmischen Moral«, Kapitel 14: »Durch seine Gedanken und Gefühle wirkt der Mensch schöpferisch auf die unsichtbare Welt ein«.

4. Siehe Band 303 der Reihe Broschüren »Die Atmung«.

5. Siehe Band 215 der Reihe Izvor »Die wahre Lehre Christi«, Kapitel 3: »Seid vollkommen, wie euer Vater im Himmel vollkommen ist«.

Teil 2

Der Herr gab jedem lebendigen Wesen, das Er schuf, die Möglichkeit, die ihm entsprechende Nahrung zu finden. Betrachtet nur die Tiere, von denen es unzählige Arten gibt: Insekten, Vögel, Fische, Säugetiere... und für jedes hat die Natur eine andere, artspezifische Nahrung bereit. Wie kam es, dass nur die Menschen nicht finden, was sie brauchen? Gewiss, was die physische Nahrung betrifft, weiß jeder, wie und wo er sie finden kann. Aber die psychische, spirituelle Nahrung, von ihr wissen sie es nicht, obgleich auch hier alles überall im Universum verteilt ist. Man muss nur wissen, in welcher Region sich das befindet, was man sucht.

Wenn ihr euch in eine sumpfige, von Mücken, Wespen und Schlangen heimgesuchte Gegend begebt, so könnt ihr natürlich nichts anderem begegnen. Um dagegen Adler anzutreffen, müsst ihr in die Berge gehen. Ihr wollt die Schönheit kontemplieren und wohnt in einem Dachkämmerchen, also müsst ihr hinausgehen in den Wald, in den Garten oder an das Meer. Wenn ihr bestimmte

Kenntnisse erwerben wollt, müsst ihr in Universitäten oder Bibliotheken gehen. Für jede Sache muss man die ihr entsprechende Region finden. Das gilt für die spirituelle Ebene genauso wie für die physische Ebene. Darum widmen die Schüler einer Einweihungsschule täglich eine bestimmte Zeit der meditativen Arbeit, um die Regionen der unsichtbaren Welt zu besuchen, denn sie wissen, dass sie dort alles finden, was sie für ihr Gleichgewicht, ihre Höherentwicklung und ihr spirituelles Wachstum benötigen.[1]

Ihr werdet sagen: »Aber wie findet man diese Regionen? Wer kann sie uns zeigen? Auf der physischen Ebene gibt es wenigstens geographische Bücher mit Landkarten und den verschiedensten Angaben, es gibt Atlanten und Lexika. Aber wie kann man sich in der unsichtbaren Welt orientieren?« Ja, eben das wisst ihr nicht! Im psychischen Bereich ereignet sich ein Phänomen, das vergleichbar ist mit einem Radiästhesisten, der dank eines »Zeugen« eine Person wiederfinden kann (der »Zeuge« kann ein Haarbüschel oder ein Kleidungsstück sein, das der Person gehörte). Die Radiästhesie basiert auf dem Gesetz der Affinität. Was in der Meditation als »Zeuge« dient, sind eure Gedanken. Sie treffen im Raum aufgrund der Affinität auf jene Elemente, die ihnen entsprechen. Die spirituelle Ebene ist so organisiert, dass allein die Tatsache an eine gewisse Person, Region oder ein Element zu denken, es bereits ermöglicht, diese

Person, diese Region oder dieses Element direkt zu berühren, egal wo es sich befindet. Es ist also nicht notwendig, den genauen Standort zu kennen, wie dies auf der physischen Ebene der Fall ist, wo man Landkarten und genaue Hinweise braucht.

Auf der spirituellen und auf der göttlichen Ebene ist es nicht notwendig, auf die Suche zu gehen, es genügt, eure Gedanken stark zu konzentrieren, damit sie euch genau dort hinführen, wohin ihr wollt. Ihr denkt an die Gesundheit, und schon seid ihr im Bereich der Gesundheit. Ihr denkt an die Liebe, und schon seid ihr im Bereich der Liebe. Ihr denkt an die Musik, und schon seid ihr im Bereich der Musik. Wenn ihr sensibel seid und eine Begabung dafür habt, werdet ihr sogar das Echo dieser himmlischen Musik auffangen. Denn ihr dürft nicht glauben, dass die großen Komponisten ihre Kompositionen »erfunden« haben. Nein, sie setzten die Musik um, die sie dort oben hörten und oft geschah es, dass sie das, was sie hörten, nicht umsetzen konnten, denn es gibt auf der Erde keine entsprechenden Töne oder Akkorde, um jene himmlische Musik wirklich wiederzugeben. Dieselbe Schwierigkeit besteht auch für die Maler, die Dichter und alle Künstler, denn der Mensch ist noch nicht darauf vorbereitet, die Schönheit der göttlichen Welt zu empfangen und weiterzugeben. Er ist dafür noch nicht vorbereitet, aber er kann dazu fähig werden, wenn er eine wahrhaft spirituelle Arbeit unternimmt und seine ganzen alten, verbrauchten und trüben Materieteilchen austauscht gegen himmlische, reine und leuchtende Teilchen.

Ihr werdet sagen: »Aber wie und wo findet man solche Teilchen?« Wie ich euch eben erklärt habe, sind es die Gedanken selbst, die sich dessen annehmen und sie finden. In dem Augenblick, wo ihr an diese neuen Teilchen denkt und sie euch in ihrer ganzen Feinheit, Reinheit und Leuchtkraft vorstellt, zieht ihr sie an, und die anderen werden tatsächlich verjagt und ersetzt. Natürlich nicht sofort, es hängt von der Intensität eurer Liebe ab, von eurem Glauben und eurer Beharrlichkeit, aber eines Tages werden alle Teilchen, die nicht in Harmonie mit der himmlischen Welt schwingen konnten, ersetzt, und dann werdet ihr die subtilsten und die höchsten göttlichen Wirklichkeiten des Universums empfangen und verstehen können.

Seitdem die Wissenschaft entdeckte, dass der Kosmos von Wellen durchströmt wird, die uns Botschaften in Form von Klängen überbringen, versucht sie noch sensiblere Geräte herzustellen, um diese Botschaften zu empfangen. Sie weiß allerdings nicht, dass diese Geräte schon immer im Inneren des Menschen existieren. Denn der Schöpfer hat den Menschen auf eine Zukunft in Fülle vorbereitet. Er hat ihn dafür mit Geräten und Antennen ausgestattet, die in der Lage sind, die ganze Intelligenz und Herrlichkeit seiner Schöpfung aufzunehmen und weiterzugeben. Der Mensch ist dazu aber noch nicht fähig, weil er noch nie in diese Richtung gearbeitet hat. Er übt sich nicht, ja er weiß nicht einmal, dass er diese Möglichkeiten besitzt. Aber es gibt sie, alle Geräte sind vorhanden und warten darauf, in Betrieb genommen zu werden. Diese Geräte sind die Chakras und auch bestimmte Nervenzentren im Gehirn und im Sonnengeflecht.[2] Aber im Augenblick schlafen diese unglaublich perfektionierten Geräte noch, und der Mensch ist unfähig, die Botschaften zu empfangen, die aus allen Bereichen des Universums kommen, sogar von den entferntesten Gestirnen. In gewisser Hinsicht ist das auch besser so, denn diese Botschaften sind so zahlreich, dass bei den heutigen Verhältnissen derjenige, welcher in die Lage käme sie zu empfangen, verrückt oder einfach niedergeschmettert würde. Es wird jedoch dann nicht mehr gefährlich sein, wenn der Mensch sich innerlich genügend gestärkt hat, um dem standzuhalten.

Nehmen wir ein Beispiel. Habt ihr gesehen, wie sich ein Kürbis entwickelt? Zuerst hängt er an einem winzigen Stängel, den man ganz leicht brechen kann. Aber in dem Maße, wie der Kürbis wächst, wird auch der Stiel kräftiger, bis er schließlich in der Lage ist, einem Gewicht von mehreren Kilogramm standzuhalten. Das gleiche Phänomen gilt auch für den Menschen. In dem Maße, wie es ihm in seinen Meditationen gelingt, die kosmischen Strömungen aufzunehmen, arbeitet etwas in ihm, das es ihm ermöglicht, alle Spannungen auszuhalten. Aber das muss nach und nach geschehen. Manche wollen alles gleichzeitig lernen, sie wollen alle ihre Fähigkeiten auf einmal entwickeln, doch damit legen sie den Grundstein für schwerwiegende innere Störungen. Ein Arzt verschrieb einem Kranken ein Medikament. Er sollte davon einen Monat lang täglich zehn Tropfen nehmen. »Einen Monat«, sagte sich der Kranke, »das ist mir viel zu lang!« Und er schluckte den ganzen Inhalt des Fläschchens noch am selben Tag... und starb. Ihr seht, man muss geduldig und regelmäßig vorgehen. Dann kann sich der Organismus langsam stärken und immer besser die Spannungen aushalten.

Auf alle Fälle solltet ihr wissen, dass ihr die Möglichkeit habt, durch die Meditation alle Elemente, die ihr braucht, aus dem Universum anzuziehen und aufzunehmen. Die Gedanken übernehmen die Aufgabe, diese Elemente durch das Gesetz der Affinität zu finden. Es ist übrigens genauso wie mit den Menschen. Wenn ihr an jemanden denkt, gehen eure Gedanken direkt zu dieser einen Person, an die ihr denkt und zu keiner anderen von den fünf Milliarden Individuen, die auf der Welt leben, auch wenn sie sich am anderen Ende der Welt befindet. Es ist, als wären eure Gedanken wie ein Magnet, genau auf diese Person ausgerichtet.

Also von nun an, wenn ihr ein Element aus dem Universum anziehen oder eine Wesenheit berühren wollt, dann denkt an dieses Element oder an diese

Wesenheit, ohne euch darum zu kümmern, wo sie sich befindet, denn eure Gedanken werden genau bei ihnen ankommen. Es ist, wenn ihr so wollt, wie mit Hunden, denen man ein Kleidungsstück oder ein Taschentuch von einer bestimmten Person zu riechen gab. Dadurch, dass dieser Gegenstand von der Ausstrahlung der Person durchdrungen ist, kann der Hund sie kilometerweit entfernt entdecken. Ein Geruch ist etwas sehr Subtiles, aber der Hund geht an Hunderten von Menschen vorbei, unfehlbar auf die Person zu, die er finden soll. Genau das macht der Gedanke, der irgendwo im Raum nicht nur die Elemente findet, die er sucht, sondern auch die sichtbaren oder unsichtbaren Wesen, die euch stärken, aufklären und helfen können.

Anmerkungen

1. Siehe Band 17 der Reihe Gesamtwerke »Erkenne Dich selbst – Jnani-Yoga«, Kapitel 6: »Die Nahrung der Seele und des Geistes« und Band 225 der Reihe Izvor »Harmonie und Gesundheit«, Kapitel 7: »Die Ernährung auf den verschiedenen Ebenen«.

2. Siehe Band 219 der Reihe Izvor »Geheimnis Mensch, seine feinstofflichen Körper und Zentren«.

Kapitel 12

Das schöpferische Gebet

Teil 1

Man kann euch zermalmen, so dass ihr glaubt, es sei nichts mehr von euch übrig geblieben. Und doch wird ein Atom in euch immer überleben, und dieses Atom kann euch das ganze Universum wieder aufbauen. Dieses Atom ist die Gabe zu beten, zu flehen. Es ist die größte Gabe, die Gott dem Menschen gegeben hat und ohne die er längst von der Erde verschwunden wäre.

Diese Vorstellung von einem »Gebetsatom«, von dem kein Mensch spricht, muss euch unannehmbar und unglaublich erscheinen. Trotzdem habt ihr in der Einweihungslehre schon davon gehört, dass an der Spitze des Herzens ein Atom sitzt, dessen Aufgabe es ist, ein Leben lang alles aufzuzeichnen, was der Mensch denkt, fühlt und erlebt. Dieses Atom kann nur aufzeichnen, es hat nicht die Fähigkeit etwas zu verändern. In

Wirklichkeit ist es eine winzige Spule, die vom Anfang bis zum Ende der irdischen Existenz läuft und im Augenblick des Todes stehen bleibt, um sich abzulösen.

So gibt es im Menschen auch ein Atom, das die Eigenschaft besitzt, in den verschiedensten Lebenslagen um Hilfe zu bitten. Wenn dieses Atom nicht entwickelt ist, weil der Mensch nicht betet, dann läuft für ihn alles genauso ab, wie es vom Schicksal bestimmt ist. Gewiss, die großen Lebenslinien können von diesem Atom nicht verändert werden, denn sie sind nur sehr schwer beeinflussbar. Aber es kann im subtilen, ätherischen Bereich Veränderungen herbeiführen. Darum leiden Menschen, die daran gewöhnt sind zu beten, weniger. In schweren Stunden empfinden sie innerlich weniger Entmutigung, Bitterkeit und Trostlosigkeit. Die schweren Ereignisse wie zum Beispiel Kriege, sind häufig mit der Gesamtheit der Menschheit verbunden, und es ist unmöglich, ihnen auszuweichen. Während eines Krieges kann man Entbehrungen und Unglück nicht vermeiden, aber derjenige, der betet, der mit seiner Seele und seinem Geist handelt, verwandelt innerlich alle diese Schwierigkeiten. Obgleich die Ereignisse äußerlich dieselben bleiben, findet er dort, wo andere aufgeben, entmutigt sind oder sich sogar umbringen[1], Kraft, Nahrung und Mut.

Man darf nicht alles einfach erdulden und sich gehen lassen, sondern man muss immer versuchen, einen Weg zu finden. Ihr könnt nicht alles verbessern, es gibt Dinge, denen ihr noch nicht gewachsen seid, aber was ihr tut, ist trotzdem wie ein kleines Samenkorn, das bereits seine Früchte trägt. Wenn ihr zum Beispiel zu 100 % in Dunkelheit und Kälte sein müsstet, so wären es nur mehr 99%! Ihr habt ein paar Worte gesprochen, habt gebetet, ihr habt euch auf ein lichtvolles Bild konzentriert, das wirkt wie ein Hilferuf. Obgleich ich euch immer wieder sage, dass ihr die besten Lehren aus eurem Lebensumfeld ziehen könnt und es darum gut beobachten sollt, tut ihr es nicht. Schaut die Kinder an: Wer hat ihnen beigebracht, dass das Wort eine Macht ist? Wenn sich ein Kind in Gefahr fühlt, schreit es: »Mama!« Wie hat es gelernt, sich eines Zauberwortes zu bedienen? Hätte es nicht geschrien, so hätte die Mutter nicht gewusst, dass etwas los ist. Doch so hört sie es und eilt ihm zu Hilfe. Warum also senden die Menschen nicht wenigstens einen einzigen Hilferuf zum Himmel?

Die Gewohnheit zu beten verliert sich im Moment immer mehr, und das ist schade. »Wozu beten«, sagen sich die Leute, »wir haben ja schon alles...« In Wirklichkeit liegt die Bedeutung des Gebets jedoch auf einer anderen Ebene. Selbst wenn ihr alles habt und euch nichts fehlt, solltet ihr beten. Warum? Weil das Gebet eine Schöpfung ist. Ihr seid erstaunt...? Alle Wesen haben das Bedürfnis, schöpferisch zu sein. Wenn man aber gewisse Fähigkeiten, wie Intelligenz und Licht, nicht entwickelt hat, kann man nichts erschaffen, sondern nur kopieren, reproduzieren. Genau wie die Väter und Mütter, die vor der Zeugung ihrer Kinder nicht innerlich gearbeitet haben: Sie reproduzieren ihre eigenen Schwächen und Krankheiten in ihren Kindern. Man glaubt es sei ein Schöpfungsakt, doch in Wirklichkeit ist es nur eine Reproduktion. Die wahre Schöpfung findet auf höherer Ebene statt. Der Mensch, der sich dessen bewusst ist, erhebt und übertrifft sich selbst, wenn er etwas erschaffen will und empfängt durch seine Seele und seinen Geist Elemente aus den himmlischen Regionen. Egal was er dann anschließend ausführt, alle seine Schöpfungen besitzen bessere, edlere Elemente als die der gewöhnlichen Welt, denn es ist ihm gelungen sich zu erheben, dem Himmel entgegen, und aus höchsten Höhen etwas anzuziehen.

Das echte Gebet ist eine Schöpfung. Wenn ihr betet, wendet ihr euch nicht einfach nur an einen freundlichen Mann, der irgendwo Chef oder Bankdirektor ist und euch etwas schenken oder leihen kann. Auch nicht an eine Frau, damit sie euch einen liebevollen Blick schenkt. Nein, mit dieser Art von Gebeten werdet ihr nicht sehr viel erreichen, denn diejenigen, an die ihr euch wendet, sind auf dem gleichen Niveau wie ihr und haben dieselben Schwächen.

Das wahre Gebet stellt eine Verbindung zum allerhöchsten Wesen her, dem Schöpfer von Himmel und Erde. Indem ihr zu Ihm betet, verbindet ihr euch mit diesem göttlichen Wesen, das die

Unermesslichkeit, die Unendlichkeit selbst ist, und gerade in dieser Verbindung hat der Mensch die Möglichkeit, aus der höheren Welt etwas aufzufangen, etwas anzuziehen und es in die Welt herabzuholen, in der er lebt, um alle Geschöpfe daran teilhaben zu lassen. Denn ihr müsst wissen: Die Elemente, Teilchen und »Elektronen«, die aus diesen Regionen kommen, besitzen eine großartige Macht, und wenn es euch gelingt, auch nur ein einziges davon einzufangen, wird es wunderbare Wandlungen bewirken! Ihr fühlt wie es in euch schwingt. Es reinigt, klärt, heilt, es stellt die Harmonie wieder her, und dieser segensreiche, harmonische Zustand, strahlt und wirkt auf alle, die euch umgeben. Sie werden ebenfalls beeinflusst und verwandeln sich.

Selbst die schwächsten und mittellosesten Menschen besitzen dieses Atom des Gebetes, mit dem sie Arbeiten vollziehen können. Auch wenn sie nichts haben, kein Geld, kein Essen, keine Kleidung, auch wenn sie im Gefängnis sitzen, sie werden dennoch etwas bewirken. Nicht alle verfügen über Fähigkeiten, Geld oder Kraft, aber alle können die Macht dieses Atoms nutzen, um die lichtvollen Geister zu bitten und um Hilfe anzuflehen. Wenn ihr großen Schwierigkeiten begegnen müsst und dabei um nichts bittet, so bleibt ihr machtlos. Das Einzige, was immer helfen kann, ist das Atom des Gebetes; wenn ihr es jedoch nicht aktiviert, müsst ihr innerlich alles genau so erleiden wie es vorgesehen war. Die Kraft dieses Atoms liegt im psychischen Bereich, das heißt in euren Gedanken und Emotionen. Wenn ihr betet, könnt ihr nicht in demselben Zustand bleiben, auch wenn sich äußerlich nichts verändert hat. Wenn Krieg ist, geht er weiter, wenn es eisig ist, friert ihr, wenn es regnet, werdet ihr nass, aber das Gebet hat euch innerlich verwandelt.

Ein Mensch stirbt, allein, verlassen und im Unglück. Aber dank des Gebets geht er voller Freude, Frieden und Licht in die andere Welt, während ein anderer, der nicht betet, von Gefühlen voller Auflehnung und Hass bedrängt wird. Auch wenn man die äußeren Bedingungen nicht verändern kann, wirkt das Gebet sehr stark, und sei es nur zugunsten der nächsten Inkarnation. Die meisten Leute wissen nicht, warum die Religion immer versucht, einen Verbrecher oder einen Ungläubigen vor dem Sterben davon zu überzeugen, dass er bereuen und den Herrn um Verzeihung bitten soll. Es ist wegen der Wichtigkeit dieser letzten Minute. Wenn jemand, der sein ganzes Leben lang gut, tugendhaft und gläubig war, sich im letzten Moment auflehnt oder seinen Glauben verliert, ist er im Begriff, das Gute, das er in seinem Leben getan hat, zu zerstören... weil die letzte Minute die wichtigste und die ausschlaggebendste ist. Ihr seht wie wichtig es ist, die Gesetze zu kennen und mit ihnen übereinzustimmen. Wenn ihr nun in diesem Leben nichts ändern konntet, so ist das nicht von absoluter Bedeutung; wenn ihr die letzte Minute eures Lebens gut gelebt habt, wird sich euer zukünftiges Schicksal ändern und eure nächste Inkarnation verbessern. Vergesst das niemals.

Anmerkungen
1. Siehe Band 210 der Reihe Izvor »Die Antwort auf das Böse«, Kapitel 8: »Über den Selbstmord«.

Teil 2

»Wenn du aber betest«, sagte Jesus, »so geh in dein Kämmerlein und schließ die Tür zu und bete zu deinem Vater, der im Verborgenen ist« (Mt 6,6). Was ist dieser geheime Ort, von welchem Jesus sprach? Nichts anderes, als ein Bewusstseinszustand. Wenn der Schüler Stille und Frieden in seinem Inneren herstellen kann, wenn er das Bedürfnis hat, dem Herrn seine Liebe kundzutun, so ist er bereits in diesem verborgenen Kämmerlein. Ihr fragt euch, wo dieses Zimmer ist. Es kann im Herzen sein und auch im Intellekt oder in der Seele. In Wirklichkeit ist es ein höherer Bewusstseinszustand, in welchen ihr euch emporschwingen konntet.

Ihr meditiert zum Beispiel über göttliche Wahrheiten, die ihr nicht erfassen könnt... doch nach einer gewissen Zeit gelingt es euch, sie zu verstehen. Was ist geschehen? Woher kommt dieses Verständnis? Euer Geist besaß es bereits seit ewigen Zeiten, aber es war in einem Bereich, zu dem euer Bewusstsein noch keinen Zugang hatte. Denn der

Mensch, der nicht weiß, was in seinem Unterbewusstsein abläuft, weiß ebenso wenig was oben im Himmel, in seinem Himmel, in seinem Geist, dem Überbewusstsein vor sich geht.

Ihr könnt euch so lange ihr wollt in die vier Wände eines Zimmers einschließen, um dort zu beten, wenn ihr keine Liebe für den Herrn habt, wenn ihr den Zustand von glühender Verehrung nicht erreicht, der für das Gebet kennzeichnend ist, dann könnt ihr dieses verborgene Kämmerlein weder finden, noch dort eintreten. Das verborgene Kämmerlein ist jener Zustand großer Konzentration, von Frieden und innerer Stille, in dem alles andere erlischt. Es gibt nur noch euer Gebet, euer inneres Wort, das durch den Raum schwingt. In diesem Augenblick seid ihr, auch wenn ihr es nicht wisst, an diesem verborgenen Ort.

Dieser verborgene Ort ist ein wunderbares Symbol von großer Tiefe, das gewiss schon lange vor Jesus bekannt war. Alle Eingeweihten wissen, dass sie, um zu beten, in diesen Raum eintreten müssen, weil sie der Himmel außerhalb dieses Raumes nicht hören kann. Und warum nicht? Stellt euch vor, ihr seid auf der Straße und wollt mit einem Freund in einer anderen Stadt sprechen. Das ist nur möglich, wenn ihr eine Telefonzelle aufsucht, denn dort gibt es einen Apparat, an dem ihr eine Nummer wählt und so verbunden werdet. Wenn ihr auf der Straße bleibt, könnt ihr schreien und brüllen, so viel ihr wollt, euer Freund hört euch trotzdem nicht. Um vom Himmel gehört zu werden, muss man in dieses verborgene Kämmerlein gehen, von dem Jesus spricht, denn es ist ebenfalls gut ausgerüstet mit »Telefonapparaten«, die es ermöglichen, mit der höheren Welt in Verbindung zu treten. Und noch etwas: Wenn ihr eine Telefonzelle betretet, schließt ihr die Tür, um in Ruhe zu hören und gehört zu werden. Deshalb muss es auch in jenem Zimmer still sein: Denn die innere Arbeit kann nicht im Lärm vollbracht werden.

Man muss verstehen lernen, dass es im Inneren einen sehr stillen Ort gibt, dessen Tür man hinter sich schließen muss, wenn man ihn betreten hat. Die Türe zu schließen bedeutet, keine anderen Gedanken und Wünsche eindringen zu lassen, sonst ist eure Kommunikation mit dem Himmel gestört und ihr erhaltet keine Antwort. Nur in dem verborgenen Raum kann alles richtig ablaufen: Ihr sprecht und ihr hört, ihr richtet eure Fragen an den Himmel und ihr erhaltet die Antwort. Wenn ihr nicht richtig versteht, was man euch sagt, dann habt ihr vergessen, die Türe zu schließen. Der verborgene Raum ist also ein Ort der Stille und des Geheimen. Die anderen dürfen nicht merken, was ihr sagt, wie ihr es sagt und an wen ihr euch wendet. Sicher, manchmal könnt ihr nicht verhindern, dass sie merken, dass ihr betet. Aber je weniger sie davon wissen, um so besser ist es. Die Evangelien sprechen von einem Pharisäer, der zum Tempel von Jerusalem hinaufstieg und dort großtuerisch sein Gebet zur Schau stellte! Das ist genau das Gegenteil von dem geheimen Zimmer.

Man kann sagen, das verborgene Kämmerlein ist im Herzen, in der Stille des Herzens. Aber hier ist nicht das Herz der astralen Ebene gemeint, jener Ort der niederen Wünsche und Begierden, sondern das spirituelle Herz, das heißt die Seele. Solange man nicht imstande ist, die wahre Stille herzustellen, ist es einem auch noch nicht gelungen, in dieses Kämmerlein einzutreten. Es gibt so viele »Kämmerlein« im Menschen! Und nur sehr wenige haben unter all diesen Zimmern jenen Raum gefunden, der die Stille liebt. Die Mehrheit hat sich in andere Zimmer verstiegen, und da beten sie. Aber nachdem es da keine entsprechenden Apparate gibt, empfängt der Himmel weder ihre Gedanken, noch ihre Gebete. Damit das Gebet empfangen wird, müssen gewisse Bedingungen erfüllt werden.

Warum haben die Eingeweihten zum Beispiel in der Vergangenheit die Menschen gelehrt, beim Beten die Hände zu falten? Diese Geste ist ein Symbol. Denn das wahre Gebet ist die Vereinigung der beiden Prinzipien, des Herzens und des Intellekts. Wenn nur euer Herz bittet, während eure Gedanken unbeteiligt daneben stehen, anstatt sich mit dem Herzen zu verbinden, kann euer Gebet nicht empfangen werden. Damit es empfangen wird, muss es von Herz und Intellekt, von Gedanke und Gefühl gleichzeitig kommen, das heißt, es muss den beiden Prinzipien, männlich und weiblich entspringen. Auf unzähligen Bildern hat man betende

Personen mit gefalteten Händen dargestellt, sogar
Kinder! Aber den tiefen Sinn dieser Geste hat man
nicht verstanden. Das will nicht heißen, dass man,
um zu beten, unbedingt die physischen Hände
falten muss, nein, nicht die Haltung des Körpers
zählt, sondern die innere Haltung. Man muss Seele
und Geist, Herz und Intellekt vereinen, denn ihre
Vereinigung bewirkt die Macht eines Gebetes. Es
entsteht dabei etwas ganz Außergewöhnliches: Ihr
gebt und empfangt gleichzeitig, ihr seid aktiv und
doch aufnahmefähig.

Es besteht noch sehr viel Unverständnis in den
Köpfen der Leute, was das Gebet betrifft. Sie glauben das Wichtigste seien die Worte des Gebets. Oh
nein, es geschieht oft, dass die Worte versanden,
ohne dass das Gebet den Himmel erreicht. Der
Mund murmelt etwas, aber der Mensch betet nicht.
Nichts schwingt in ihm. Gewiss, um die Verwirklichung zu unterstützen, ist das gesprochene Wort
sehr wichtig, ja, aber nur wenn euer Wunsch und
euer Gedanke auf der spirituellen Ebene bereits
sehr stark sind. Dann ist das gesprochene Wort wie
eine Unterschrift, durch die sich die übergeordneten Kräfte von oben in Bewegung setzen.

Stellt euch vor, ihr wollt ein Gefühl der Liebe
zu Gott in euch erwecken. Da das Gefühl etwas
rein Psychisches ist, braucht ihr dazu keine Worte,
das könnt ihr allein durch die Kraft eures Wun-
sches erreichen. Aber nehmen wir an, ihr wollt
auf der physischen, materiellen Ebene etwas

verwirklichen. In dem Moment ist das gesprochene Wort notwendig. Trotzdem bleibt die Intensität des Gedankens und des Gefühls das Wesentliche. Ohne sie werdet ihr keine Ergebnisse
erzielen, auch wenn ihr stundenlang Worte hersagt
– man wird euch nicht erhören. Übrigens fühlt ihr
das selbst, ob euer Gebet erhört wurde oder nicht.
Es gibt Tage, an welchen ihr eine so starke Kraft
und innere Fülle spürt, dass ihr wisst, dass euch
der Himmel endlich erhört hat. Das will aber nicht
heißen, dass sich plötzlich die Ergebnisse auf der
physischen Ebene einfinden, nein, die Verwirklichung geschieht nicht sofort, aber man hat euch
gehört, man zieht eure Bitte in Erwägung. Und das
ist das Wichtigste, ihr fühlt, dass euer Gebet gehört
wurde!

Alles liegt also in der Intensität, und die Intensität ist immer verbunden mit der Fähigkeit, seine
Gedanken und Gefühle von allen Beschäftigungen
zu befreien, die dem Gebet entgegenstehen. Darum
ist die innere Haltung so wichtig: Man muss sich
befreit fühlen. Ein oder zwei Stunden lang alles
Übrige beiseite lassen und in eine intensive spirituelle Arbeit eintauchen, denn nur unter dieser
Bedingung wird man vom Himmel erhört.

Da es zwischen der subtilen Welt, wie es unser
Bewusstsein, unsere Gedanken, unsere Gefühle,
unsere Energien sind, und der materiellen Welt eine
Verbindung gibt, werden jedes Mal, wenn ihr einen
erhabenen Bewusstseinszustand erreicht, aus dem

Kosmos Materialien von großer Reinheit angezogen, dank derer ihr euch einen lichtvollen Leib aufbauen könnt, den Glorienleib. Indem ihr anfangt, auf der spirituellen Ebene zu arbeiten, wird sich die materielle Ebene dann ganz von selbst auch verwandeln.

Jede spirituelle Sache hat ihre materielle Entsprechung, und jedes materielle Teilchen hat wiederum seine Entsprechung auf der spirituellen Ebene. Man muss nur im Geistigen arbeiten mit den Gedanken und dem Gebet, denn diese unsichtbaren Strömungen, die dabei entstehen, ziehen die Elemente aus den göttlichen Regionen an. Auf dieses Gesetz der Entsprechungen begründeten alle Eingeweihten ihre Arbeit, und ihr absolutes Vertrauen in die göttliche Weisheit rührt von ihrem Wissen her, dass das, was innen göttlich ist, auch außen göttlich wird. Ihre ganze Sorge ist, sich zu fragen, ob das was sie tun, richtig, korrekt und harmonisch ist. Für alles andere, und darin besteht für sie überhaupt kein Zweifel, existiert in den Naturgesetzen eine Zuverlässigkeit, sodass das, was in der spirituellen Welt bereits realisiert ist, sich eines Tages auch auf der physischen Ebene verwirklicht.

Kapitel 13

Die Suche nach dem Gipfel

Die Suche nach Gott ist zweifellos lang und voller Anforderungen. Manchmal ist man enttäuscht und hat das Gefühl, im leeren Raum zu arbeiten. Aber das scheint nur so. Ihr seid wie jemand, der in der Erde nach Wasser gräbt. Er kann das Wasser noch nicht sehen, aber er hat in seinem Kopf, in seinem Herzen und in seiner Seele ein Bild davon. Er lebt mit der Idee, mit dem Gedanken und der Hoffnung auf dieses Wasser. Auch wenn das Wasser auf der materiellen Ebene noch nicht fließt, so fließt es doch bereits in ihm selbst. So ist es auch mit demjenigen, der nach Gott sucht. Obwohl er scheinbar nichts findet, arbeitet er mit einer sehr mächtigen und lebendigen inneren Wirklichkeit. Er kann sich sagen: »Sicher, ich habe Gott nicht gefunden, aber Gott hat sich in meinen Gedanken und Gefühlen widergespiegelt, denn diese Hoffnung, dieser Glaube ist bereits Gott.«

Noch ein anderes Beispiel. Ein Goldwäscher
ist damit beschäftigt, den Sand eines Flusses durch
ein Sieb laufen zu lassen. Dabei bereichert er sich
mit jedem Goldkörnchen. Währenddessen ist ein
Alchimist auf der Suche nach dem Stein der Weisen, der die Metalle in Gold verwandelt. Lange
Zeit findet er nichts, er ist immer noch so arm wie
zuvor. Aber eines Tages, nach vielen Jahren oder
Jahrhunderten, wenn er den Stein der Weisen dann
findet (und wenn er die Regeln befolgt, muss er
ihn finden), wird der Alchimist innerhalb weniger Sekunden der reichste Mann der Welt. Er kann
sogar Berge in Gold verwandeln.

Der Gottsucher ist wie der Alchimist, der den
Stein der Weisen noch nicht gefunden hat und
gleichzeitig auch wie der Goldwäscher am Ufer
des Flusses, der den Sand siebt und dabei Goldkörnchen findet. Denn auf der Suche nach Gott findet man zwangsläufig jeden Tag einige Teilchen
seines Lichtes, seiner Liebe, seiner Macht und seiner Schönheit. Das ist das, was ich tue. Wie der
Alchimist mache ich eine Arbeit, deren Ergebnisse ich niemals sehe, aber das entmutigt mich
nicht, denn wie der Goldwäscher erfreue ich mich
der Goldkörnchen, die ich täglich erhalte. Sie sind
bereits ein Widerschein des Steins der Weisen, der
Anwesenheit Gottes.[1]

Oft sage ich euch: Sucht das Unerreichbare,
sucht das, was ihr weder bekommen, noch realisieren könnt. Das sage ich, weil ihr dank dieser

Anstrengungen jeden Tag etwas mehr erhaltet. Sicher werdet ihr niemals alles bekommen, doch wenn ihr euch auf ein unerreichbares Ziel konzentriert, seid ihr gezwungen, neue Regionen zu erschließen, neue Abschnitte zu beginnen, und auf dieses progressive Voranschreiten kommt es an. Ihr verlangt weder nach der Wissenschaft, noch nach Güte, Gesundheit, Glück, sondern ihr verlangt nach Gott, dem Absoluten, und damit bekommt ihr alles andere, denn um bis zu Gott zu gelangen, kommt ihr zwangsläufig zum Licht, zur Schönheit, zur Gesundheit, zur Wissenschaft, zum Reichtum, zur Liebe, zum Glück und zu allen anderen Wundern, die diesen Weg säumen.

Glücklich seien jene, die mich verstehen können! Wozu sich auf eine Kleinigkeit fixieren, die euch nicht befriedigen kann? Selbst wenn ihr sie bekommt, werdet ihr enttäuscht sein. Was begrenzt ist, wird die Unendlichkeit eurer Seele und eures Herzens niemals ausfüllen können. Allein das Absolute, Gott, kann euch erfüllen, und nur indem ihr Ihn sucht, ohne auf eurem Weg stehen zu bleiben, könnt ihr alles erhalten, sogar das, wonach ihr nicht verlangt habt.

Gewiss, das ist nicht das erste Mal, dass ich so zu euch spreche. Seit langem habe ich euch über dieses Thema aufgeklärt. Aber ich bin gezwungen, es zu wiederholen, denn ich sehe, wie ihr euch immer wieder auf kleine Dinge stürzt, in der Hoffnung, dass sie diesen unendlichen Raum in euch füllen werden. Nein, glaubt nicht mehr daran. Hier sind also zwei Wege: Der eine bringt scheinbar nichts, außer dass eure Illusionen zerstört werden, aber andererseits gibt er euch alles, sodass ihr eines Tages sagen könnt: »Ich habe nichts, und doch gehört mir das ganze Universum.« Der andere Weg hingegen lässt euch immer unzufrieden sein, egal was er auch bringt, denn ihr fühlt, dass selbst wenn ihr etwas in der Hand habt, euch das Wesentliche entgeht.

Alle diejenigen, welche die Natur ihrer Arbeit gut kennen, sagen über gewisse Hindernisse: »Nun ja, das sind eben die Unannehmlichkeiten dieses Berufes.« Doch das hindert sie nicht daran weiterzumachen. Alle wissen, dass jeder Beruf seine Unannehmlichkeiten hat. Warum aber kennen die Spiritualisten nicht die Unannehmlichkeiten ihres Berufes? Warum lassen sie sich entmutigen, warum wollen sie aufgeben? Das beweist, dass sie die Unannehmlichkeiten ihres Berufes noch nicht verstanden haben, denn sonst hätten sie mit noch viel mehr Eifer weitergemacht. Wenn ihr entmutigt seid, müsst ihr noch mehr Mut aufbringen als sonst, um die Mutlosigkeit zu überwinden! Ich sehe, dass ihr mich nicht verstehen könnt, und doch ist dies die wahre Alchimie, der Stein der Weisen.

Ihr solltet euch also angewöhnen, eure Gedanken jeden Tag sehr hoch aufsteigen zu lassen. Ja, sehr hoch, bis vor den Thron Gottes. Wenn ihr nicht sofort Ergebnisse erzielt, so will das nicht heißen, dass wirklich nichts geschehen ist. Aufgrund der hohen Dichte der euch umhüllenden Materie könnt ihr die kleinsten Veränderungen noch nicht wahrnehmen. Weil ihr nichts fühlt und nichts seht, glaubt ihr, dass nichts geschehen ist. Doch es ist etwas geschehen: In dem Maße wie ihr euch anstrengt, öffnet sich der Weg vor euch, eine Brücke wird wieder errichtet zwischen euch und den himmlischen Regionen. Und eines Tages genügt es, dass ihr euch nur einige Minuten auf diese Regionen konzentriert, um sofort die Freude, das Glück und die Kraft zu fühlen.

Keine spirituelle Übung übertrifft die Angewohnheit, sich auf das Bild vom Gipfel, auf Gott zu konzentrieren. Gewiss, die Christen haben nicht so sehr gelernt, nach dem göttlichsten aller Wesen zu suchen. Sie wenden sich an die Heiligen, an die Propheten und wagen es nicht, weiterzugehen. Heilige, Apostel und Märtyrer, das ist schon gut, aber es ist besser, viel besser, wenn man sich angewöhnt, sich auf den höchsten Punkt, auf den Gipfel zu konzentrieren. In dem Moment gelingt es euch, bestimmte Kräfte auszulösen, etwas in Bewegung zu bringen. Von diesem Gipfel aus werden dann, eure Person betreffend, Anordnungen gegeben, und die Ausführenden können Eingeweihte, Heilige, Propheten oder Menschen eurer Umgebung sein oder auch Tiere, Vögel. Ja, die Ausführung kann durch Tiere oder sogar durch die Naturgeister, die vier Elemente, geschehen.

Manche werden sagen: »Aber es ist zu langwierig und zu schwierig auf den Gipfel zu gelangen, das ist zu aufwändig. Ich bete lieber zur kleinen heiligen Therese oder zum heiligen Antonius, denn ich habe etwas verloren, und er wird mir helfen.« Sicher, das könnt ihr auch tun, aber es soll euch nicht davon abhalten, euch trotzdem auch auf den Gipfel zu konzentrieren, auf Gott. Warum? Weil Er alles leitet, weil von Ihm alles abhängt.

Die Einweihungswissenschaft lehrt uns, dass wir genauso aufgebaut sind wie das Universum: Auch wir besitzen einen Gipfel oder ein Zentrum – beides symbolisiert dasselbe – und dieses Zentrum, das Gott repräsentiert, ist unser Höheres Selbst. Wenn ihr euch also auf den Gipfel des Universums, auf den Herrn konzentriert, wenn ihr Ihn bittet, Ihn anfleht, gelingt es euch, den Gipfel eures eigenen Wesens zu berühren; und das löst dort so reine, subtile Schwingungen aus, dass diese sehr segensreiche Veränderungen in euch hervorrufen, wenn sie sich verteilen. Ihr gewinnt auf jeden Fall ein spirituelles Element, auch wenn ihr nicht erhört werdet.

Denn es ist wirklich so, dass ihr oft nicht erhört werdet, weil nach der Meinung der kosmischen Intelligenz das, wonach ihr verlangt, euch mehr schaden als nützen würde, und sie weigert sich, es euch zu geben. Aber das Nützliche an dieser Bitte ist, dass ihr den Gipfel in euch selbst berühren konntet und dadurch die höchste Kraft ausgelöst habt, die durch ihre Verbreitung Töne, Düfte und Farben hervorbringt und all eure Zellen, alle in euch wohnenden Wesen beeinflusst. Auf diese Weise könnt ihr äußerst kostbare Elemente gewinnen.

Um wirklich etwas zu erreichen, muss man das Zentrum berühren, den Punkt, der alles organisiert und leitet. Nehmen wir ein Beispiel: Ihr befindet euch in der Gesellschaft irgendwo, ganz unscheinbar und unbekannt, ihr könnt also auf das Schicksal des Landes keinen Einfluss nehmen. Um etwas verändern zu können, müsst ihr ins Zentrum gelangen, bis zum Präsidenten oder zum König. Von da an könnt ihr für das Land alles Mögliche bewirken, weil ihr das Zentrum berührt. Wenn ihr aber irgendwo an der Peripherie bleibt, wird kein Mensch auf euch hören. Wer also die Angelegenheiten nur an der Peripherie erledigt, kann das Schicksal seines Landes nicht verändern, weder zum Guten noch zum Schlechten, was im zweiten Fall natürlich von Vorteil ist.

Dasselbe Gesetz findet man in der inneren Welt wieder. Solange ihr euch nicht auf den Gipfel konzentriert, kann es zwar sein, dass ihr einige unwichtige Dinge erhaltet, doch auf das Wesentliche könnt ihr keinen Einfluss nehmen. Wenn ihr dagegen im Zentrum seid, könnt ihr die ganze Welt umwälzen, denn dieses Zentrum gibt euch alle Möglichkeiten, alles hängt von euch ab[2]. Nun seht ihr, warum sich wirklich intelligente Leute nicht damit aufhalten, vergängliche und unwichtige Dinge zu realisieren.

Sie arbeiten und bewegen sich dem Gipfel entgegen, ohne sich darum zu kümmern, wie viel Zeit sie benötigen, um ihn zu erreichen, auch wenn es Jahrhunderte dauert. Ein einziges Wesen kann das Schicksal der Welt verändern, aber nur unter der Bedingung, dass es den Gipfel erreichen konnte.

Wenn ihr bis zu diesem Gipfel vordringt, der in euch als Bewusstseinszustand existiert, besitzt ihr dieselben Fähigkeiten wie der Herr, und niemand kann euch widerstehen. Ja, und durch alles was in der Welt existiert, kann ich euch beweisen, dass die kosmische Intelligenz es so eingerichtet hat, dass die wahre Kraft, die wahre Macht nur auf dem Gipfel zu finden ist. Wenn ihr daran zweifelt, so habt ihr wirklich überhaupt noch nichts verstanden, und wenn man nichts versteht, muss man leiden. Das wünsche ich euch wirklich nicht, im Gegenteil, ich wünsche mir, euch niemals leiden zu sehen. Aber wenn man nichts versteht, ist es nicht möglich, nicht zu leiden. Das Leid ist da, um die Menschen dazu zu zwingen, zu verstehen. Es ist also ein Segen!

Jetzt enthülle ich euch eine der wichtigsten Wahrheiten. Sie wird von allen Meistern gelehrt und die Einweihungswissenschaft unterstreicht sie: nämlich, dass jeder eines Tages in der Region leben wird, in die er seine Gedanken ausgesandt hat. Wenn ihr also diese Welt verlasst, werdet ihr die Region eurer Gedanken aufsuchen. Wenn diese Gedanken erhaben waren, werdet ihr in die erhabenste Region gehen und umgekehrt, wenn sich eure Gedanken zur Hölle lenkten, werdet ihr euch in der Hölle wiederfinden. Das ist die größte Wahrheit! Ihr könnt absolut sicher sein, dass, wenn ihr nur nach Intelligenz, Liebe oder Schönheit verlangt, euch keine Kraft jemals daran hindern kann, in der von euch bevorzugten Region zu wohnen, dort, wo eure Gedanken und Wünsche weilten. Sicher, ich habe Gott nicht gefunden, aber Gott hat sich in meinen Gedanken und Gefühlen widergespiegelt, denn diese Hoffnung, dieser Glaube ist bereits Gott.

Anmerkungen

1. Siehe Band 241 der Reihe Izvor »Der Stein der Weisen«, Kapitel 14: »Das Gold des wahren Wissens: Alchimist und Goldsucher«.

2. Siehe Band 218 der Reihe Izvor »Die geometrischen Figuren und ihre Sprache«, Kapitel 2: »Der Kreis«.

Omraam Mikhaël Aïvanhov im Jahr 1945

Vom selben Autor
Reihe Broschüren

VERLAGS-AUSLIEFERUNG

FRANKREICH (Hauptverlag)
Éditions Prosveta S.A.
1277, av. Jean Lachenaud – F-83601 Fréjus
Tel. 04 94 19 33 33, Fax 04 94 19 33 34
contact@prosveta.com, www.prosveta.fr

DEUTSCHLAND
Prosveta Verlag GmbH
Grabenstr. 14, 78661 Dietingen
Tel. 07427-3430, E-Mail: kontakt@prosveta.de
www.prosveta.de

ÖSTERREICH
Harmoniequell Versand
Ulmenweg 8, 5302 Henndorf
Tel. und Fax 06214 7413, E-Mail: info@prosveta.at
www.prosveta.at

SCHWEIZ
Éditions Prosveta
1808 Les Monts-de-Corsier 13
Tel. 021 921 92 18, Fax 021 922 92 04
editions@prosveta.ch, www.prosveta.ch

Auslieferungsadressen für weitere Länder finden Sie unter
www.prosveta.de/informationen/bestelladressen

Wenn Sie sich für Veranstaltungen interessieren, in denen die Lehre von Omraam Mikhaël Aïvanhov vertieft werden kann, wenden Sie sich bitte an eine der folgenden Adressen:

Deutschland
UWB e.V., www.aivanhov.de, info@aivanhov.de

Schweiz
FBU, Chemin de la Céramone 13, 1808 Les-Monts-de-Corsier
Telefon 021 925 40 80, www.videlinata.ch

Österreich
UWB, Telefon 01 27 698 32
Internet: www.uwb.at, E-Mail: info@uwb.at